O Guia Completo sobre o Pastor Australiano

Kirsten Tardiff

Para informações, contate LP Media Inc., 30012 Variolite St NW, Princeton, MN 55371

www.lpmedia.org

Dados de Publicação

Kirsten Tardiff

O Guia Completo sobre o Pastor Australiano ---- Primeira edição.

Resumo: "Criando com sucesso um Pastor Australiano desde filhote até a velhice" --- Fornecido pela editora.

ISBN: 978-1-961846-63-0

[1. Pastores Australianos --- Não-Ficção] I. Título.

Design por Sorin Rădulescu

Primeira edição em português, 2025

SUMÁRIO

CAPÍTULO 1
Sobre o Pastor Australiano

O que é um Pastor Australiano?

"Mesmo o Aussie mais agitado, se tiver um bom vínculo com você, ficará ao seu lado quando você estiver triste ou machucado. Eles realmente se importam com o grupo e a família deles. Nunca tive um Aussie que tivesse a mesma personalidade que qualquer outro Aussie. Cada um é bastante único."

Joan Fry
Canil Bella Loma

*Foto cortesia de
Karie King
Kicking K Australian Shepehrds*

Os Pastores Australianos são membros do grupo de cães pastores, originalmente criados para trabalhar com rebanhos. Eles têm resistência e agilidade para controlar rebanhos agitados, mas também inteligência e discrição para conduzir patos delicados e desajeitados. Possuem uma incrível disposição e desejo de agradar seu dono, e são altamente valorizados em esportes como Agility e Obediência. Os Aussies amam o que fazem e fazem tudo muito bem. Você nunca encontrará um parceiro mais animado que um Pastor Australiano!

História do Pastor Australiano

O nome é um pouco enganoso - também conhecidos como "Aussies", os Pastores Australianos são uma raça de origem norte-americana. Pastores bascos na Europa desenvolveram um cão pastor, chamado Pastor dos Pirineus, que emigrou com eles para a Austrália no início dos anos 1800. Acredita-se que lá os cães foram cruzados com Border Collies e outras raças antes de migrarem novamente no final dos anos 1800, desta vez para a costa oeste dos Estados Unidos (EUA). Esses "pequenos cães azuis" se adaptaram aos desejos e necessidades dos fazendeiros e rancheiros do oeste norte-americano, aperfeiçoando ainda mais a raça.

Após a Segunda Guerra Mundial, a raça chamou a atenção do público norte-americano com o crescente interesse pelo estilo de vida do oeste dos Estados Unidos. Os Aussies eram frequentemente vistos em rodeios realizando truques que entretinham o público, e logo se tornaram presença comum em exposições de cavalos. Eles começaram a aparecer em filmes e programas de TV, ganhando ainda mais visibilidade. Um clube nacional da raça foi estabelecido nos Estados Unidos em 1957, e, desde então, os Aussies têm desfrutado de um constante aumento de popularidade em todo o mundo! No Brasil, a raça começou a ganhar reconhecimento a partir da década de 1990, com a importação dos primeiros exemplares por criadores especializados. Hoje, os Pastores Australianos têm conquistado cada vez mais admiradores brasileiros, especialmente entre praticantes de esportes caninos como agility e obedience, e famílias ativas que apreciam sua inteligência e versatilidade.

Hoje, a maioria dos Aussies são animais de estimação amados ou competidores bem-sucedidos em vários esportes caninos. Muitos ainda trabalham em fazendas, ajudando a direcionar e controlar o gado para seus do-

nos. Este serviço frequentemente os torna indispensáveis, economizando muito tempo e esforço por parte de seus proprietários!

Características Físicas

Os Pastores Australianos foram formalmente reconhecidos como raça quando o Clube do Pastor Australiano da América (ASCA) foi formado em 1957. Os Aussies só foram reconhecidos pela Confederação Brasileira de Cinofilia (CBKC) anos mais tarde. Ambas as organizações possuem um padrão escrito da raça que determina como deve ser o Pastor Australiano ideal, tanto em aparência quanto em temperamento.

Os Aussies são, na maioria das vezes, cães de porte médio, pesando entre 16 e 25 kg e com 45 a 58 cm de altura. Ao contrário da crença popular, a maioria dos registros de raça não reconhece variações de tamanho (como "Toy", "Miniatura", "Standard"). Qualidade e ética de trabalho são consideradas mais importantes que o tamanho para um Aussie. Uma raça separada, chamada Pastor Americano Miniatura, foi recentemente desenvolvida a partir de Pastores Australianos menores que a média para aqueles que desejam um cão similar, porém menor.

As proporções corporais do Pastor Australiano são ligeiramente retangulares, com estrutura óssea média. A cabeça dele é moderadamente larga, e a largura e comprimento do crânio devem ser iguais ao comprimento do focinho. Eles devem ter lábios firmes, que nunca babam, e olhos amendoados, inteligentes e expressivos. Esse formato de crânio e olhos os protege dos chutes e coices de rebanhos agitados, minimizando potenciais ferimentos. Suas orelhas são posicionadas no alto da cabeça e dobram para frente (chamadas de "orelha em botão") ou para o lado (uma "orelha em rosa"), o que as mantêm limpas e secas. O corpo deles deve ser ágil, atlético e musculoso; capaz de mudar de direção rapidamente a qualquer momento. Os Aussies foram criados dessa maneira para serem capazes de trabalhar com segurança e eficácia o dia todo guiando rebanhos. Uma das características mais notáveis dos Aussies é o rabo naturalmente curto, dando-lhes sua aparência única e o característico "rebolado" quando estão animados.

Esta raça deve ter pelo de comprimento médio e em dupla camada; isso significa que eles têm uma subcamada de pelos curtos e finos, e uma segunda camada de pelos mais longos e um pouco mais grossos por fora. Embora sua pelagem seja geralmente fácil de cuidar, eles perdem muito pelo sazonalmente. As pelagens dos Aussies vêm em quatro cores base – preto, vermelho, merle azul e merle vermelho. Eles também podem ter marcações em cobre, com ou sem marcações brancas. Um tricolor, ou "tri", tem a cor base e marcações em cobre e branco. Um "bicolor" tem apenas

Foto cortesia de
Francine Guerra

a cor base e marcações brancas, enquanto um cão com cor base e cobre, mas sem branco, é chamado de "vermelho e cobre", "preto e cobre" etc. Um cão sem branco ou cobre é "azul sólido", "vermelho sólido" etc. Os Aussies também são conhecidos por sua grande variedade de cores de olhos, que podem ser qualquer tom de marrom, avelã/verde, amarelo/âmbar, ou azul, incluindo olhos marmorizados ou olhos de cores diferentes. Olhos azuis e marmorizados são mais comuns em merles devido à coloração da pelagem.

Características Comportamentais

"Os Pastores Australianos são reservados com estranhos. Isso não significa que sejam tímidos ou agressivos. Isso apenas significa que, inicialmente, eles não são melhores amigos de todo mundo."

Heidi Mobley
Western Hills Australian Shepherds

Os Aussies foram desenvolvidos como uma raça pastora eficaz e versátil, mas há uma surpreendente variação entre famílias e indivíduos. A maioria exibe naturalmente instintos de pastoreio, como correr atrás de objetos em movimento e se mover de um lado para o outro atrás deles, ou mordiscar os calcanhares de humanos, animais ou outros cães. Embora muitos Aussies naturalmente usem a boca para mover e controlar o que quer que esteja em movimento ao redor deles – comportamento conhecido como "mordiscada de pastoreio" - eles não são violentos e geralmente não mostram agressão injustificada. Os Pastores Australianos não são tipicamente uma raça barulhenta, mas vão latir para alertá-lo se algo estiver errado.

Esta raça é extremamente inteligente e gosta de ser mentalmente estimulada. Eles são espertos o suficiente para resolver problemas e manipular o ambiente – incluindo seus donos – para se entreterem e conseguirem o que querem se você não lhes der algo para fazer. Os Aussies geralmente vivem para agradar seus donos e adoram estar com sua família. Em alguns países, como nos EUA, eles ganharam o apelido de "cães de velcro" (ou como diríamos no Brasil, "cães grudentos") pela maneira como se tornam sua sombra, frequentemente seguindo você para todo lugar, se puderem. Os Aussies geralmente não toleram estilos de treinamento excessivamente severos, mas prosperam quando recebem elogios por um trabalho bem feito. Eles costumam ter muita energia e precisam de exercício físico diário

Foto cortesia de
Amanda Watkins

Foto cortesia de Julie Caywood

para se manterem fisicamente em forma e evitar agitação devido à energia acumulada.

Os Aussies são geralmente reservados com estranhos. Eles não cumprimentam pessoas novas com animação, tratando-as com indiferença. Tendem a proteger sua casa e lar contra intrusos, exigindo muitas interações sociais positivas com novas pessoas desde cedo para aprenderem a discernir adequadamente entre amigos e inimigos. Em casos atípicos, alguns Aussies podem carecer de confiança e ser tímidos ou medrosos. Esses cães precisarão de muito treinamento e socialização cuidadosa à medida que crescem para se tornarem adultos bem ajustados.

Um Pastor Australiano é a Escolha Certa para Você?

"Como a raça foi criada para auxiliar o fazendeiro em múltiplas tarefas, eles têm uma forte conexão com seu dono. Isso significa que eles te observam o tempo todo e querem estar perto para quando você precisar."

Tina Beck
Goldcrest Aussies

Os Aussies trazem certos desafios para potenciais donos. Ao escolher uma raça para sua casa, considere quanto tempo você tem, as atividades que gosta de praticar e o que você realmente quer em um novo companheiro. A maioria dos cães vive em média de 12 a 14 anos, o que é um compromisso enorme. Dedique tempo para garantir que um Aussie trará alegria para você e sua casa, e que ele também será feliz vivendo com você!

Que tipo de lar você tem para oferecer a um Aussie? Esses cães costumavam viver em grandes fazendas, com muito espaço para viver e trabalhar. Embora não necessariamente precisem de muitos hectares ou quantidades enormes de espaço, um quintal cercado de tamanho médio a grande é ideal. Se você não tem um quintal, será capaz de dedicar tempo para longas caminhadas, corridas, trilhas ou passeios no parque com seu Aussie para atender às necessidades de exercício dele? Além disso, embora tradicionalmente os Aussies fossem criados quase exclusivamente do lado de fora, fazendeiros e rancheiros passavam a maior parte do dia

Foto cortesia de
Chris Barnes

trabalhando lado a lado com seus cães cuidando do rebanho. Um Aussie forçado a passar a maior parte do tempo longe de sua família será infeliz. Para a maioria das famílias hoje, isso significa que o lugar de um Aussie é dentro de casa. Embora adorem estar ao ar livre, o que um Aussie realmente mais quer é estar com suas pessoas favoritas.

Sendo muito inteligente, um Aussie precisará de treinamento. Normalmente, isso envolve pelo menos uma aula de adestramento para filhotes para começar com o pé direito. Todos os cães precisam de limites e expectativas claras, e os Aussies em particular prosperarão quando receberem um "trabalho" para fazer. Isso pode significar ensiná-los a fazer truques, competir em esportes caninos, ajudar a guiar o rebanho para dentro à noite, ou mais. Não espere que um Aussie fique contente sentado no sofá o dia todo. Você precisa estar disposto a dedicar tempo diariamente para fazer coisas divertidas com seu Aussie e a ensiná-lo o que você espera dele. Felizmente, eles são alunos dispostos e fáceis de treinar!

Os Aussies têm uma pelagem espessa que requer escovação semanal para manutenção e com ainda mais frequência durante períodos de queda intensa de pelos. Se você não consegue tolerar pequenos tufos de pelo em suas roupas e no chão, esta pode não ser a raça para você! Você deve estar disposto a dedicar tempo para ensinar um filhote a gostar de ser escovado para que isso não seja estressante mais tarde. Como qualquer cão, as unhas dos Aussies precisam de aparos regulares, dentes e orelhas precisam de limpeza, e eles precisam de banhos ocasionais para ajudar a manter a pele saudável e com cheiro agradável. Se você não quer dedicar tempo para cuidar da higiene do seu cão, pode pagar para levá-lo a um pet shop a cada 8 semanas?

Você pode fornecer o espaço, exercício e tempo que um Aussie precisa para se tornar um membro feliz e saudável da sua família? Se não, talvez seja melhor pensar duas vezes antes de trazer um cachorro desses para casa. Se a resposta for sim, parabéns! Você escolheu um cão versátil, inteligente e animado que passará seus dias se esforçando para te agradar!

CAPÍTULO 2
Escolhendo um Pastor Australiano

Se você decidiu que um Pastor Australiano é a escolha ideal para você e sua família, agora é hora de pensar onde encontrar seu novo companheiro. Não é momento de ter pressa, por mais empolgado que você esteja. Encontrar o melhor cão exigirá um pouco de paciência e planejamento.

Comprar ou Adotar?

Existe um debate público acalorado sobre o que é melhor – comprar de um criador ou adotar de um abrigo. A verdadeira resposta é: nenhum dos dois é melhor! Cada opção tem prós e contras, e o que pode ser certo para uma pessoa não será para outra.

As vantagens de comprar de um criador responsável incluem cães reprodutores com exames de saúde em dia, garantias de saúde e suporte do

Foto cortesia de Francine Guerra

criador. Criadores sérios dedicam muito tempo avaliando os cães para produzir apenas os melhores exemplares. Se os cães reprodutores têm as características que você procura, você terá mais segurança de como o filhote será quando crescer. Bons criadores garantem a saúde dos filhotes e cuidam bem deles. Eles dão suporte aos novos donos durante toda a vida do cão e podem se tornar sua melhor fonte de informações sobre seu animal.

A principal desvantagem de comprar um filhote de um criador costuma ser o custo. Criadores respeitáveis investem muito dinheiro do próprio bolso para produzir cães de qualidade, então é comum que isso se reflita nos preços que eles cobram pelos filhotes. Outra desvantagem é que é preciso ter cuidado para garantir que você está comprando de um criador respeitável (falaremos sobre isso mais detalhadamente na próxima seção deste livro). Existem muitos criadores irresponsáveis, mas você pode evitá-los entrevistando-os cuidadosamente e buscando recomendações de veterinários ou outros profissionais.

Abrigos e ONGs podem ser ótimos lugares para adotar um Aussie. Geralmente, animais de abrigos já estão castrados e com vacinas e cuidados veterinários em dia. No Brasil, a maioria dos abrigos e ONGs não cobra taxas de adoção ou solicita apenas contribuições voluntárias ou doações de ração para cobrir parte dos custos de resgate e tratamento. Quando se trata de cães de raça como o Aussie, embora menos comuns em abrigos, quando disponíveis representam uma oportunidade incrível de economia comparado ao valor de um criador. Além disso, acolher um Aussie que não tem lar é um ato de compaixão maravilhoso! Existem muitos Aussies incríveis em busca de lares amorosos!

Uma das desvantagens de adotar um cão de um abrigo é que o histórico de muitos deles é desconhecido. Além disso, alguns podem precisar de um pouco mais de treinamento e vão exigir empatia dos novos donos enquanto se ajustam à nova vida. Além disso, a maioria dos cães levados para abrigos tem mais de seis meses de idade. Se você quer especificamente um filhote, pode demorar um pouco para achar se estiver procurando em abrigos.

Como Encontrar um Criador Respeitável

Simplificando, um criador respeitável é alguém que prioriza o bem-estar de seus cães. Por outro lado, alguém que prioriza ganho financeiro, prêmios, ou qualquer outra coisa acima do bem-estar dos cães provavelmente não está tomando decisões responsáveis em relação à saúde e felicidade deles e, portanto, não é um criador respeitável.

Por que comprar de um criador respeitável é tão importante? Embora muitas pessoas comprem cães de criadores fundo de quintal ou canis clandestinos ("fábricas de filhotes"), isso é uma má ideia, porque cães criados assim têm muito mais probabilidade de ter problemas sérios de saúde e temperamento, não sendo companheiros ideais para uma convivência feliz e duradoura. Algumas pessoas acabam comprando um filhote que vive em uma situação ruim para resgatá-lo... no entanto, embora seja de partir o coração, isso só agrava o problema. Canis clandestinos e criadores fundo de quintal continuam sendo um problema porque as pessoas continuam comprando deles. Se pararmos de dar incentivo para que eles continuem, eles deixarão de existir. Se você encontrar um canil com condições precárias para os animais, o melhor a se fazer é denunciar às autoridades e passar adiante. Não permita que essa triste situação continue!

Lembre-se de que cruzar dois cães para fazer filhotes não faz de alguém um criador respeitável. Amadores podem enfrentar problemas genéticos de temperamento e saúde se não souberem o que estão fazendo. É melhor escolher um criador que faça exames genéticos e de saúde, esteja muito familiarizado com as linhagens dos cães com os quais trabalha, e que tenha anos de experiência com a raça. Se for um criador mais novo (com menos de uma década de experiência com a raça), descubra se ele tem um mentor para orientá-lo.

Uma das melhores maneiras de encontrar um criador respeitável é conversando com um profissional. Seu veterinário, adestrador profissional ou tosador são ótimos pontos de partida. Você também pode tentar perguntar aos donos de um Aussie que você admira onde eles o encontraram. Além disso, a maioria dos criadores tem um site, então fazer uma busca na internet por criadores de Pastores Australianos na sua região também pode funcionar.

A maioria dos criadores sérios não tem filhotes disponíveis regularmente – talvez uma ou duas ninhadas por ano. Disponibilizar filhotes o tempo todo ou criar várias raças ou "raças designer" (cruzamentos intencionais entre duas raças puras, como Labradoodle ou Goldendoodle) são grandes sinais de alerta de que o criador está buscando ganho rápido em vez de produzir cães de qualidade. Nunca compre de um criador que separa os filhotes da mãe e dos irmãos antes das oito semanas de idade. Essas semanas são um período crítico para o filhote aprender a interagir com outros cães.

Idealmente, comece a procurar um criador cerca de um ano antes de planejar trazer um filhote para casa. Isso lhe dará tempo para escolher e conhecê-lo bem. Muitas pessoas esperam até o último minuto para procurar um filhote, e, embora seja possível encontrar filhotes disponíveis em cima da hora, pode ser mais difícil encontrar o que está procurando se você tiver algo específico em mente.

Entrevistando Criadores

"Escolha um cão que se adapte ao seu estilo de vida. Embora existam muitas cores de Aussies, a energia deles também pode variar de média a alta. Não escolha um animal pela aparência. Você viverá com seu novo amigo por toda a vida. Em geral, os bons criadores ajudam futuros donos a escolherem o temperamento certo para seu lar."

Francine Guerra
Alias Aussies

Foto cortesia de
Beverly Cogan

Depois de conseguir algumas indicações de criadores com os quais você pode querer trabalhar, é hora de entrar em contato com eles. Um bom criador deve estar disposto a conversar com você e responder às suas perguntas com paciência e detalhadamente. Seja educado quando estiver conversando com um criador – este é um momento para conhecê-lo, não interrogá-lo. Evite criadores impacientes, que não respondam às perguntas ou que fiquem na defensiva. Da mesma forma, prepare-se para responder a algumas perguntas. Os criadores querem garantir que você está pronto para cuidar bem de um filhote, preparado para esta raça especificamente, e que dará um lar seguro e amoroso ao Aussie. Ajude-os respondendo às perguntas com honestidade. Alguns até têm questionários para os futuros donos preencherem.

Se o criador tiver um site, reserve um tempo para lê-lo cuidadosamente. Isso economizará tempo e evitará que o criador tenha que responder às mesmas perguntas repetidamente. Se as seguintes informações não estiverem disponíveis no site, essas são algumas perguntas importantes que você pode fazer:

- Para quando a próxima ninhada está planejada? (se eles não tiverem nenhuma disponível no momento),
- Como são os cães reprodutores dessa ninhada?
- Que tipos de exames eles fazem?
- Quais problemas de saúde eles já viram nos cães deles?
- Há quanto tempo eles estão trabalhando com a raça?
- Se você está interessado em praticar um esporte canino com seu Aussie, o criador já teve sucesso competindo no mesmo esporte com seus cães?

Além disso, peça ao criador uma cópia da garantia de saúde ou contrato que ele oferece e pergunte a faixa de preço dos filhotes.

Você também deve fazer algumas perguntas a si mesmo, como se os cães reprodutores são o tipo de Aussie que você gostaria de ter e se o momento em que o filhote poderá ir para casa funciona para você.

O criador deve estar disposto a marcar um horário para você conhecer os cães e ver onde eles estão vivendo e como são criados. Os cães estão limpos e saudáveis? O ambiente está limpo, com água fresca disponível e brinquedos para eles brincarem? Eles podem se exercitar regularmente? Como os cães se comportam com visitantes? Eles aceitam você no local e se aproximam prontamente, ou agem com medo ou agressividade? Se você não puder visitar o canil ou local de criação pessoalmente devido à distân-

Foto cortesia de
Sonya Roberts and Luke Moorman

cia, o criador está disposto a fornecer referências de compradores anteriores? Evite criadores que se recusam a permitir sua visita ou pareçam que têm algo a esconder.

Muitos criadores encaminharão você a outro criador se não tiverem o que você está procurando, ou se não tiverem nada disponível no prazo que você está considerando. Esta pode ser uma ótima maneira de estabelecer uma boa conexão. Eles costumam indicar para alguém em quem confiam, e muitas vezes é bom para você também. Se você estiver em várias listas de espera, lembre-se de informar os criadores se for escolher um filhote de outro lugar. Eles geralmente tentam garantir que têm famílias à espera para a maioria ou todos os filhotes antes mesmo deles nascerem, e gostam de serem mantidos informados. Alguns criadores exigem um depósito para manter você na lista de espera, e estes geralmente não são reembolsáveis, pois eles querem ter certeza de que você está falando sério antes de reservar um filhote para você.

Exames de Saúde e Certificações

Bons criadores utilizam exames de saúde para garantir o bem-estar dos cães. No mínimo, os cães reprodutores devem ter tido os quadris examinados para displasia e os olhos examinados por um veterinário oftalmologista para identificar defeitos genéticos. Muitos criadores também usam testes genéticos ou tiram radiografias de cotovelos, ombros e patelas para verificar outros problemas ortopédicos. No entanto, mais exames não significam necessariamente filhotes mais saudáveis. Nem todos os criadores fazem exames para tudo, porque esses problemas podem não ser considerados um problema nas linhagens de seus cães. O mais importante é como o criador usa as informações de saúde pertinentes que reuniu.

Infelizmente, não há testes genéticos disponíveis para alguns problemas de saúde – como epilepsia e a maioria das doenças autoimunes ou alergias. Para evitar essas doenças, o ideal é tomar cuidado ao cruzar famílias de cães e esperar até que um cão tenha de dois a três anos de idade antes de reproduzir, já que muitos problemas aparecem até essa idade. Mesmo reprodutores que foram certificados como estando livres de displasia de quadril não garantem que nunca produzirão um filhote com displasia de quadril – isso só reduz o risco.

Evite criadores que fazem apenas painéis de testes genéticos. Embora esta seja uma ótima ferramenta, ela não substitui a necessidade de examinar olhos e quadris. Da mesma forma, um painel genético "sem problemas" não significa um cão mais saudável. Para a maioria das doenças genéticas com testes disponíveis, carregar um gene relacionado à doença é inofensivo e não causa problemas para os filhotes, desde que o portador seja cruzado com um parceiro que não carregue esse gene.

Contratos e Garantias de Criadores

Para garantir que um criador está fazendo o melhor que pode para produzir cães saudáveis, peça uma garantia de saúde! Muitas pessoas não entendem que uma garantia de saúde NÃO é uma garantia de que seu cão nunca ficará doente; isso seria impossível de prometer. Uma garantia de saúde nada mais é do que uma garantia de que um criador fez tudo o que sabe para prevenir problemas de saúde no seu cão, e, se isso acontecer mesmo assim, eles darão apoio ao filhote e assumirão a responsabilidade.

Existem dois tipos de garantias – saúde geral e saúde genética. As garantias de saúde geral entram em vigor no dia em que você leva seu filhote para casa e cobrem quaisquer doenças que possam ser consideradas culpa do criador. Isso inclui parasitas como vermes ou coccídeos, e doenças virais ou bacterianas como parvovirose ou tosse dos canis. Esta garantia é de curto prazo – geralmente cerca de três dias – e exige que você leve o filhote ao veterinário para confirmar uma doença. Geralmente, o criador ou levará o filhote de volta para tratamento e reembolsará você, ou permitirá que você fique com o filhote e o reembolsará pelas despesas veterinárias que você teve.

As garantias de saúde genética, por outro lado, são destinadas a cobrir doenças debilitantes ou com risco de vida, ou distúrbios congênitos. Estes incluem epilepsia, cegueira ou displasia de quadril. Essas garantias devem se estender por pelo menos dois anos, já que a maioria desses problemas leva esse tempo para aparecer. Garantias de saúde genética que cobrem apenas o primeiro ano de vida do filhote são praticamente inúteis. Geralmente, o criador oferecerá um reembolso pelo que você pagou pelo cão ou oferecerá um segundo filhote como substituição. Esteja ciente de que alguns criadores evitam ter que cumprir essa garantia e adicionam uma cláusula de que você deve devolver seu cão se quiser que eles cumpram a parte deles do acordo, presumindo que você preferiria continuar com o cão e perder o direito à substituição ou ao reembolso. Isso é cruel e deve ser evitado.

A maioria dos criadores faz uma distinção entre contratos de "animal de estimação" e contratos de "exposição/reprodução". Se você está procurando apenas um animal de estimação para a família, o contrato deve exigir que o cão não seja reproduzido, que você castre o cão dentro de um determinado prazo, e que o criador tenha o direito de preferência se você decidir que não pode ficar com o cão. Se você está considerando reproduzir ou expor seu cão, geralmente o contrato exige que o criador seja coproprietário dele com você por um período determinado, que o cão deve ser exposto ou ganhar títulos, e que eles devem atender a requisitos de exames de saúde antes da reprodução. Essas cláusulas são destinadas a proteger o cão e são aceitáveis. Leia os contratos cuidadosamente – se você estiver desconfortável ou inseguro sobre algum item, pergunte ao criador por que aquele item existe e se ele é negociável.

Escolhendo o Filhote Perfeito

"Meu fator número um seria o temperamento. O temperamento dos pais é transmitido para seus filhotes. Tendo criado várias gerações de diferentes linhagens de sangue, sempre me surpreendo como traços de personalidade correm consistentemente em uma linhagem."

Joanne Harvell
Canyon Lake Aussies

Foto cortesia de
Julie Caywood

Se você está trabalhando com um criador experiente bem antes de uma ninhada estar pronta para ir para casa, é comum que ele escolha um filhote para você ou ofereça apenas alguns para você escolher – não a ninhada inteira! Embora muitas pessoas relutem com essa ideia, os criadores conhecem bem os filhotes e também passaram um tempo conhecendo você. Eles estão preocupados em fazer a melhor combinação possível entre filhote e dono porque querem que tudo dê certo!

Se você receber algumas opções para escolher, pense em como seria seu filhote Aussie ideal. Muitas pessoas pensam primeiro na cor ou no sexo, e os criadores geralmente tentarão levar em consideração suas preferências de cor, mas há outras coisas que devem pesar mais na sua decisão.

Como seria a personalidade do seu filhote ideal? Qual nível de energia você está procurando? Ao visitar uma ninhada para escolher um filhote, procure um filhote confiante que esteja disposto a interagir com você. Isso não significa necessariamente escolher o mais ativo e bagunceiro do grupo! Filhotes que reagem com medo ou evitam você não costumam ser fáceis de lidar. Peça ao criador para descrever a personalidade de cada filhote e escolha o que melhor se adapte ao seu estilo de vida e nível de atividade. Um filhote menos confiante e mais reservado pode ser adequado para um casal aposentado, mas um filhote brincalhão, ativo e extrovertido provavelmente é mais adequado para uma família com crianças.

Há pouca diferença real entre os sexos quando os cães são castrados. Os machos tendem a amadurecer um pouco mais devagar, e a cirurgia de castração deles é menos invasiva, mais barata e de cicatrização mais rápida do que a castração de uma fêmea.

Às vezes, criadores têm cães adultos aposentados ou filhotes mais velhos que eles mantiveram e decidiram colocar em um novo lar para evitar ter muitos cães. Se você não tem tempo para treinar um filhote do zero e do jeito certo, esta é uma ótima opção! Esses cães foram criados por especialistas em Aussies e tiveram o melhor começo de vida possível. Muitos receberam muito treinamento e estão acostumados a tosa, viagens e mais. Eles poderão passar o resto de suas vidas com você, e todo o trabalho duro já foi feito. Muitos criadores não divulgam cães adultos, então vale a pena perguntar.

Criando Vários Filhotes da Mesma Ninhada

Criar dois filhotes não é uma tarefa fácil. Muitos criadores hesitam em permitir que dois filhotes da mesma ninhada vão para o mesmo lar porque pode isso ser desafiador. No entanto, com um pouco mais de tempo e esforço, pode dar certo. O ideal é escolher um filhote de cada sexo, mas ter dois machos ou duas fêmeas também pode funcionar. Dois cães do mesmo sexo têm mais chances de brigar à medida que se aproximam da maturidade, então é importante impor limites firmes e intervir logo quando os problemas surgem para prevenir problemas no futuro. Dois filhotes costumam se ajustar muito mais rápido ao novo lar e podem ajudar a manter um ao outro entretidos e em forma.

Uma das principais dificuldades ao criar dois filhotes é garantir que cada cão tenha tempo sozinho. Após a primeira semana em casa, eles devem ser colocados em casinhas ou camas separadas para que tenham seu próprio espaço. Você deve dedicar tempo e esforço a mais para garantir que cada filhote passeie sem o irmão para socializar. Eles precisam de tempo separadamente com a família e nas sessões de adestramento. Se os filhotes nunca forem separados, eles podem se tornar mais ligados um ao outro do que à família e podem sofrer de ansiedade severa quando forem separados mais tarde. O adestramento também pode ser mais lento com dois filhotes. Ter dois filhotes também significa o dobro de despesas!

Pense bem se você tem tempo e recursos para lidar com dois filhotes antes de trazê-los para casa. Para a maioria das pessoas, é melhor esperar até que o primeiro filhote tenha mais de um ano de idade e esteja mais maduro antes de trazer mais um.

Adotando um Australian Shepherd

"Com abrigos, minha maior dica é garantir que seja um abrigo respeitável e que o cão esteja lá há tempo suficiente para que eles realmente saibam como ele é. Alguns cães chegam aos abrigos sem histórico algum e eles normalmente NÃO vêm de criadores responsáveis/respeitáveis."

Melonie Eso
WCK Aussies

Adotar um cão é uma escolha maravilhosa, e os abrigos de animais da sua região são um ótimo lugar para começar a busca. No entanto, se você está especificamente interessado em um Aussie, pode ser mais difícil encontrá-los em abrigos comuns no Brasil, já que são cães de raça bastante valorizados. Uma alternativa popular entre os brasileiros é buscar por grupos no Facebook, WhatsApp ou perfis no Instagram dedicados à adoção de animais, onde ocasionalmente aparecem Aussies e outras raças pastoras para adoção. Nesses grupos e redes sociais, os tutores atuais geralmente fornecem mais informações sobre o temperamento e necessidades específicas do cão, facilitando encontrar a combinação certa para sua família. Já os abrigos municipais ou estaduais, embora realizem um trabalho essencial, geralmente têm espaço e recursos muito limitados e, por necessidade, estão mais preocupados em achar lares para os cães rapidamente do que em encontrar a "combinação perfeita".

Cuidado com golpes de adoção. Infelizmente, com o incentivo à adoção de animais, golpistas apelam para os sentimentos das pessoas e adquirem filhotes de canis clandestinos como se fossem "resgatados" e depois os revendem. Evite "abrigos" que têm quase exclusivamente filhotes, oferecem documentos de registro nos filhotes ou mudam de um lugar para outro. Comprar filhotes de um canil clandestino apenas o encoraja a produzir mais filhotes. Embora seja difícil se afastar dessas situações, quebrar o ciclo é a única maneira de fazer com que isso acabe.

Ao escolher um Aussie de um abrigo, tenha calma e paciência. Embora seja difícil não querer salvar o primeiro Aussie disponível que aparecer, é melhor escolher um que se adapte à sua família e estilo de vida. Se você tem outros cães ou animais de estimação, o Aussie se dá bem com outros animais? Se você tem filhos, este cão seria uma adição segura e feliz à sua família? Esse Aussie requer algum tratamento veterinário contínuo e você pode arcar com ele? Existem problemas comportamentais que precisam ser tratados e, se sim, você está disposto a dedicar tempo e esforço para corrigir esses comportamentos? A maioria dos Aussies de abrigos são ótimos cães que apenas tiveram azar ou que precisam de treinamento para se tornarem ótimos companheiros.

Escolher o Aussie perfeito para o seu lar exige muito tempo e reflexão. No entanto, fazer a escolha certa garantirá muitos anos de alegria para você, sua família e seu novo Aussie.

*Foto cortesia de
Charles Donald Sinden Jr
Sinded Aussies*

CAPÍTULO 3

Preparando Sua Casa para o Pastor Australiano

"Eu recomendo deixar sua casa 'à prova de crianças'. Filhotes adoram fios, especialmente aqueles conectados a carregadores. Escadas devem ser bloqueadas. Tomadas elétricas, protegidas. Tudo o que você faria para um bebê, faça para o seu novo filhote."

Francine Guerra
Alias Aussies

Foto cortesia de
Amanda Gabriel

Foto cortesia de
Rebecca Swyers

"Compre uma de transporte para cães para os momentos em que você não puder supervisionar, remova fios e qualquer móvel/calçado que você considere valioso."

Allison Lutterman
DreamWinds Aussies

Você escolheu o Aussie perfeito para sua família e o dia de trazê-lo para casa está se aproximando. Haverá grandes mudanças para você, sua família, outros animais de estimação e seu novo cão. Estar preparado pode tornar a adaptação muito mais fácil! Você precisará dedicar um tempo para percorrer sua casa, quintal e quaisquer outros espaços que não estejam acostumados a abrigar um cão ou um filhote, observando áreas que contêm riscos à segurança dele. Você também precisará estabelecer limites para crianças e outros animais de estimação. Com um pouco de esforço, você estará pronto para dar as boas-vindas ao seu novo Aussie à família!

Coisas Perigosas Que os Cães Podem Comer

Cães, e filhotes em particular, gostam de explorar o mundo com a boca. Você pode evitar muitas idas de emergência ao veterinário se tomar alguns cuidados com antecedência. Coisas perigosas que os cães engolem incluem alimentos humanos tóxicos para eles, plantas tóxicas, produtos químicos, medicamentos para humanos e itens não comestíveis que causam bloqueios intestinais.

Alimentos humanos que são tóxicos para cães incluem:

- Uvas e passas
- Chocolate
- Abacate
- Cebola
- Alho
- Caroços de frutas

- Fermento fresco (em coisas como massa de pão)
- Cafeína e álcool
- Grandes quantidades de alimentos ricos em gordura (como queijo, salsicha etc.)
- Produtos sem açúcar contendo Xilitol (balas, chicletes)

Foto cortesia de Mikala Kempkers

Evite dar restos de comida para seu cão, mantenha alimentos fora do alcance dele e proteja lixeiras da cozinha com uma tampa firme ou em uma despensa fechada para evitar que seu cão tenha acesso a essas coisas tóxicas.

Existem muitas plantas tóxicas. Mantenha as plantas de espaços internos fora do alcance do seu Aussie, ou em um cômodo ao qual ele não tenha acesso. As plantas de espaços internos mais comuns que causam problemas incluem:

- Hera
- Jade
- Palmeira-sagu
- Orelha-de-elefante

- Dracena
- Jiboia
- Filodendro
- Comigo-ninguém-pode

Algumas plantas comuns de jardim ou áreas externas que são tóxicas incluem:

- Dedaleira
- Lírio-do-vale
- Narcisos

- Teixo
- Hortênsia
- Azevinho

Existem muitas outras plantas que podem causar problemas digestivos ou outras reações tóxicas. Pesquise sobre as plantas que você está cultivando e consulte seu veterinário sobre toxicidade se não tiver certeza. Considere mover ou substituir plantas tóxicas, ou colocar uma barreira resistente para isolá-las.

Os produtos químicos mais comumente ingeridos por cães são, de longe, o fluido do radiador do carro (líquido de arrefecimento) e o veneno para ratos. Evite usar veneno para controlar roedores, se possível, e verifique regularmente as áreas onde os veículos estão estacionados para detectar vazamentos. Evite usar pesticidas ou herbicidas em qualquer lugar próximo de onde seu cão possa entrar em contato com eles. Eles geralmente são expostos quando caminham por áreas tratadas e, depois, lambem as patas. Certifique-se de que os produtos de limpeza usados em ambientes internos tenham secado completamente nas superfícies antes que seu cão tenha acesso a essas áreas, e que os frascos sejam sempre mantidos em um armário seguro. Nunca deixe frascos de produtos químicos em locais que seu cão possa alcançar!

Você nunca deve dar medicamentos humanos ao seu cão sem aprovação veterinária. Certos medicamentos - mesmo analgésicos de venda livre ou vitaminas - podem causar úlceras estomacais graves, falência de órgãos

Foto cortesia de
Sheila Rankin

ou morte. Guarde os medicamentos em gavetas ou armários fora do alcance do seu cão para evitar ingestão acidental.

Itens indigeríveis, que causam bloqueios intestinais e muitas vezes precisam ser removidos por meio de cirurgia, são provavelmente as coisas perigosas mais comuns que os cães comem. Riscos de asfixia também são uma preocupação. Evite esses problemas caminhando frequentemente pela casa e pelo quintal, recolhendo itens que seu cão pode tentar engolir. Meias, pedras decorativas de jardim e pedaços dos brinquedos deles ou das crianças são alguns dos perigos mais comuns.

Outros Perigos Domésticos

Outras coisas que podem ameaçar a segurança do seu Aussie incluem fios elétricos, lixo, piscinas e vasos sanitários. Esconda ou remova cuidadosamente qualquer fio ou cabo elétrico exposto para evitar riscos de queimaduras ou choques elétricos. As piscinas devem ser cercadas ou localizadas em uma área que seja inacessível ao seu cão. A maioria dos cães são ótimos nadadores, mas se seu Aussie tiver dificuldade para sair da piscina, ele pode acabar se afogando, principalmente se for um filhote. Mantenha a tampa do vaso sanitário sempre abaixada para evitar que seu cão beba água dali, o que também pode ser muito tóxico se você usar pastilhas de limpeza no reservatório.

Preparando um Espaço para Seu Cão Dentro de Casa

Os cães precisam de um lugar seguro e confortável que possam chamar de seu e relaxar. As caixas de transporte são perfeitas para isso, além de manterem seu cão seguro e auxiliar no adestramento sanitário deles. Escolha um ou dois locais para colocar uma caixa, de preferência em uma área tranquila e longe da passagem de pessoas; um quarto pode ser uma boa escolha. Depois que seu Aussie aprender que a caixa é o lugar seguro dele, ele frequentemente vai escolher tirar uma soneca nele ou ir até lá por vontade própria.

Restringir o acesso a certas áreas da casa em determinados momentos é aconselhável, principalmente para filhotes que podem encontrar coisas para mexer ou que estão passando pelo adestramento sanitário. Portões para bebês ou animais de estimação são uma maneira fácil e barata

Foto cortesia de Reese Slater

de fazer isso. Portas também podem ser usadas, mas é comum que elas sejam deixadas abertas por engano se for um espaço muito movimentado. Se a família estiver na sala de estar, você pode bloquear outras áreas da casa para manter seu Aussie perto de você e longe de problemas, e assim por diante.

Filhotes muito jovens não conseguem segurar seus intestinos e bexiga por mais de algumas horas. Dependendo da sua disponibilidade para levar seu Aussie para fazer as necessidades dele, você pode montar um pequeno cercado ou colocar o filhote no seu banheiro em vez de usar uma caixa. Coloque alguns tapetes higiênicos de um lado do espaço e certifique-se de que o filhote tenha alguns brinquedos para brincar. Se o criador criou o fi-lhote usando uma caixa de areia de pellets de madeira, isso também pode funcionar muito bem. Com esse método, pode demorar um pouco mais para concluir o adestramento sanitário, mas é possível. Nunca force um fi-lhote a fazer as necessidades dele em uma caixa de transporte ou outro lugar da casa!

Preparando Espaços Externos

O quintal pode ser um lugar conveniente para o seu Aussie fazer as ne-cessidades dele e se exercitar. Se a área for menor que 6m x 6m, provavel-mente você não terá espaço suficiente para que seu cão gaste energia sufi-ciente, e pode precisar fazer caminhadas ou corridas com ele para mantê-lo em forma. A urina do cão pode queimar a grama com o tempo, então pode ser uma boa ideia ensinar seu Aussie a ir em um canto do quintal para mi-nimizar os danos e regar a grama com mais frequência naquele local.

Uma das partes mais importantes de um espaço externo seguro para seu Aussie é uma boa cerca. Cercas de alambrado, painéis de madeira, es-tilo ripado ou alguns tipos de cercas de privacidade devem ser suficientes. Elas devem ter pelo menos 1,20 metro de altura. Alguns Aussies podem fa-cilmente pular ou escalar cercas de 1,20 metro, então tenha isso em men-te. Com supervisão e um pouco de treinamento, se necessário, vai funcio-nar para a maioria. Verifique se há buracos pelos quais seu Aussie poderia se espremer ou passar por baixo. Certifique-se de que os portões possam ser firmemente trancados e nunca sejam deixados abertos. Evite cercas in-visíveis que usam um fio enterrado e uma coleira eletrônica para treinar seu cão. Embora alguns donos defendam o uso delas e tenham conseguido evitar incidentes, essas cercas são pouquíssimo confiáveis. Muitos cães já se perderam, se machucaram ou morreram devido a falhas em cercas in-visíveis. Muitos Aussies são inteligentes o suficiente para descobrir que as correções da coleira param se eles correrem além da linha. Um único erro pode levar a um acidente trágico.

Abrigos externos, como casinhas de cachorro, são desnecessários se seu Aussie passar a maior parte do tempo com a família dentro de casa. A sombra de uma árvore ou toldo pode ser útil em dias quentes de verão en-quanto eles brincam e se exercitam ao ar livre. Acorrentar seu Aussie nunca é uma boa ideia – o risco de estrangulamento ou emaranhamento é alto, e se você não tiver uma cerca, seu cão não tem como se proteger de pessoas mal-intencionadas e cães estranhos.

Se você mora em um clima onde há neve ou gelo e precisa usar sal para limpar degraus e calçadas, certifique-se de usar sal seguro para animais de estimação. O sal comum usado em ruas pode queimar ou irritar as almofadas das patas do seu Aussie e pode ser tóxico se ingerido. Se você caminha ou corre com seu Aussie na beira da rua, considere colocar botinhas nas patas dele ou usar uma cera para patas, e depois lave-as quando voltar.

Preparando Crianças e os Animais de Estimação Que Você Já Tem

"Pode ser difícil de lidar com o instinto de pastoreio, especialmente perto de crianças. O instinto é perseguir qualquer coisa que se move, e esse comportamento pode envolver mordiscadas. As crianças devem ser ensinadas a parar ou ficar como uma estátua quando o pastoreio começa. Às vezes, é melhor afastar o cão quando há muitos gatilhos para esse comportamento. Redirecionar para um brinquedo também pode ser benéfico, assim como treinar o controle de impulsos."

Gayle Silberhorn
Big Run Aussies

É ótimo ver um vínculo se desenvolver entre as crianças e o cão da família. Você pode ajudar a fortalecer esse vínculo e evitar acidentes com algumas regras básicas para seus filhos. Forneça ao seu Aussie um espaço próprio – idealmente uma caixa de transporte – e garanta que as crianças saibam que esta área é proibida para elas. Dessa forma, seu Aussie tem um lugar para se retirar e relaxar quando precisar, sem ser perturbado. As crianças também devem aprender a nunca, jamais puxar as orelhas, pelos ou lábios do Aussie, subir nele, se pendurar nele ou bater nele. Deve haver uma política de tolerância zero absoluta, que seja entendida por todos, antes mesmo de você trazer seu Aussie para casa. Esperar que seu cão tolere esse tipo de comportamento das crianças é muito injusto, além de ser a receita perfeita para que ocorra uma mordida. Não é fofo e não é aceitável. Ninguém gosta de ter seu espaço invadido ou ser usado como brinquedo ou saco de pancadas! Você também deve incluir as crianças no cuidado e treinamento do seu Aussie. Isso ensina responsabilidade e irá aprofundar o vínculo entre eles.

Se você tem outro cão em casa, certifique-se de que não haja problemas sérios de comportamento não resolvidos antes de trazer outro. Seu novo Aussie pode, e provavelmente vai, adquirir maus hábitos do seu cão atual, e aí você terá o dobro de problemas. Além disso, certifique-se de que seu cão atual tenha uma caixa ou uma cama própria e um lugar para se afastar de um novo filhote, especialmente se seu cão atual for idoso. Um filhote jovem pode ser demais para um cão mais velho. Ambos ficarão mais felizes se tiverem acesso aos seus próprios espaços!

A maioria dos gatos pode demorar um tempo para se acostumar com um novo membro na família - às vezes até meses. Antes de trazer seu Aussie para casa, certifique-se de que seus gatos tenham um lugar seguro, alto e de fácil acesso, como um arranhador ou similar. Isso é especialmente útil se ele estiver localizado na área mais frequentada da casa, perto de uma porta com portão, pois permite que seu gato acesse o espaço e observe o Aussie com segurança sem ter que atravessar o cômodo. Mantenha as caixas de areia e o pratinho de comida do seu gato em um lugar que você tenha certeza absoluta de que seu Aussie não pode alcançar.

Foto cortesia de
Pam Brauer

Por segurança, é melhor manter pequenos roedores, pássaros e animais exóticos separados do seu Aussie. Os Aussies geralmente não tentam machucar animais pequenos intencionalmente, mas esses animais são frágeis e até brincadeiras podem machucá-los por acidente. Certifique-se de que a comida e cama desses outros animais estejam em recipientes à prova de cães e mantenha as gaiolas ou habitats deles fora do alcance do seu Aussie.

Ter atenção aos detalhes é o segredo para tornar sua casa um lugar seguro e acolhedor para o novo membro da família. Se preparar com antecedência ajudará a tornar essa transição mais fácil para seu Aussie e sua família! Agora, está quase tudo pronto para trazê-lo para casa.

CAPÍTULO 4
Trazendo Seu Pastor Australiano para Casa

"Compre uma caixa de transporte para o treinamento de confinamento, um cercadinho para restringir a liberdade de circulação dele, muitos brinquedos, petiscos para adestramento e uma ração de boa qualidade. Programe-se para participar de uma aula de adestramento para filhotes."

Joanne Harvell
Canyon Lake Aussies

O dia que você tanto esperou finalmente está se aproximando - você já tem uma data marcada para trazer seu Aussie para casa! Agora é hora de fazer os preparativos finais. Isso inclui estabelecer uma rotina

Foto cortesia de Kayla Spangler

Foto cortesia de
Josh Tuggle

(especialmente para filhotes), reunir os últimos itens necessários, escolher um veterinário e marcar a primeira consulta. Esses últimos dias são cheios de empolgação e da expectativa pela adição de um novo membro à família!

A Importância de Ter um Plano

"Todos na casa precisam saber quais serão as regras para o cachorro e seguir essas regras. As regras estabelecidas no lar precisam ser as mesmas à medida que o cachorro cresce. Então, pense nessas regras como se fossem para um cachorro adulto, e não apenas para um filhote."

Heidi Mobley
Western Hills Australian Shepherds

Definir um plano ou estabelecer uma rotina antes de trazer seu Aussie para casa vai ajudá-lo a se adaptar mais rapidamente à nova vida com você.

Os cães lidam melhor quando têm uma rotina bem definida. Escolha um horário fixo para as refeições todos os dias – isso facilita muito o adestramento sanitário para filhotes, pois você saberá quando eles precisam sair. Além disso, quem na família vai alimentar o Aussie? Atribuir essa tarefa ajudará a evitar que refeições sejam esquecidas ou repetidas sem querer. Esta é uma ótima tarefa para crianças mais velhas, ajudando a ensinar sobre responsabilidade e a criar vínculos com o novo membro da família.

As pausas para necessidades devem sempre ser programadas para depois das refeições, logo pela manhã e antes de dormir, no mínimo. Filhotes precisarão de pausas mais frequentes. Alguém precisará passar em casa durante o dia para soltar o filhote nas primeiras semanas até que ele cresça? Outra coisa a ter em mente é o que fazer em caso de emergência. Quem é responsável por garantir que seu Aussie seja solto e cuidado? Você tem um amigo ou vizinho confiável que esteja disposto e preparado para ajudar, se precisar?

Suprimentos para Ter em Mãos

"Se você vai receber um filhote, vai perceber que ele tem muito orgulho dos dentes e pode usá-los em momentos inapropriados. Isso não significa que ele vai morder de forma agressiva quando for adulto, só que a raça aprendeu a usar a mordida no pastoreio e é natural para eles aperfeiçoarem essa habilidade desde cedo."

Tina Beck
Goldcrest Aussies

É muito divertido comprar itens para pets! Aqui está uma lista de coisas que você provavelmente vai precisar:

- Caixa de transporte para cães – de preferência de arame, com 90 cm e divisória
- Cama grande para cães, preferencialmente lavável e feita de materiais duráveis
- Coleira plana de nylon ou couro e guia de 1,8 m
- Uma grande variedade de brinquedos seguros, duráveis e apropriados
- Tigelas para comida e água

Foto cortesia de
Amanda Bocek

- Ração – certifique-se de comprar a mesma marca que ele está comendo atualmente, ou um pacote pequeno da ração atual para fazer a transição gradual para a ração que você escolheu
- Materiais para descartar fezes, como sacolinhas
- Produtos de limpeza para manchas causadas por pets, em caso de acidentes
- Para higiene, escova de pinos metálicos, rastelo para subpelo, cortador de unhas para pet e um shampoo para cachorro

Ao comprar itens para seu novo Aussie, tenha em mente a qualidade e a segurança. Uma cama de R$50 pode não resistir aos dentes de um filhote, mas um modelo mais caro, facilmente lavável e projetado para resistir a mordidas provavelmente vai durar! Todos amamos um bom desconto, mas às vezes o barato sai caro, e você vai acabar jogando dinheiro fora.

Os brinquedos, especialmente, devem ser de boa qualidade. Escolha uma variedade de estilos – borracha, nylon e tecido, por exemplo, costumam ser resistentes e bem feitos. Certifique-se de escolher brinquedos que não sejam facilmente despedaçados e engolidos, e que sejam grandes o suficiente para não representar risco de engasgo ou ingestão – brinquedos de tamanho "médio" a "grande" costumam funcionar bem. Evite ossos cozidos ou defumados, pois estes podem machucar e causar sérios danos digestivos ou obstruções. Também evite ossos de couro cru, que são feitos com produtos químicos que podem ser prejudiciais ao seu Aussie e, quando ingeridos, causar problemas estomacais.

Você pode encontrar caixas de transporte usadas à venda por um bom preço em sites de venda ou em bazares. Certifique-se de que a caixa esteja em bom estado, que a bandeja ou base não esteja danificada e, preferencialmente, que tenha um painel divisor para você começar com um espaço menor para um filhote e aumentar à medida que seu cão cresce!

A Ida para Casa

O grande dia chegou! Há algumas coisas que você pode fazer para preparar o seu cão, independentemente de ele estar perto ou a uma viagem de carro ou avião de distância. Para começar, certifique-se de planejar muitas paradas para necessidades em viagens de carro com mais de uma hora. Filhotes pequenos podem precisar de pausas a cada duas horas. Geralmente, eles vão adormecer depois de um tempo, mas, se acordarem, pare! Tenha bastante material de limpeza à mão, incluindo papel-toalha, removedor de

Foto cortesia de
Kayla Guzman

manchas e sacolinhas para descarte de fezes. Idealmente, peça ao criador ou ao abrigo para não alimentar o Aussie nas 2 horas anteriores ao momento em que você for buscá-lo. Isso minimizará o risco de enjoo no carro ou incidentes com sujeira durante a ida para casa. Leve água e uma tigela, mas ofereça apenas durante as paradas, e dê ao seu Aussie pelo menos 20 minutos para se aliviar depois de beber antes de partir novamente.

O lugar mais seguro para seu cão viajar é em uma caixa de transporte. Em acidentes de carro, os cães são frequentemente arremessados para fora dos veículos porque estão soltos e não têm nada para impedir o impulso deles. A caixa deve ter espaço suficiente apenas para seu Aussie se virar e deitar confortavelmente, nada mais. Você pode forrar a caixa com toalhas absorventes e colocar alguns brinquedos dentro para ajudar a manter o cão ocupado.

Em alguns casos, pode ser necessário transportar seu Aussie de avião até você. O criador ou o abrigo costuma organizar tudo, comprar a passagem aérea e a caixa por você, além de obter os documentos de saúde necessários. Quando for buscar seu Aussie no aeroporto, você provavelmente terá que comprovar sua identidade e assinar documentos fornecidos pela companhia aérea. Assim que receber seu cão, leve-o para fazer as necessidades dele e ofereça água. Às vezes, voar de avião pode ser um pouco estressante, então seu Aussie pode ficar desconfiado no início. Fale em um tom calmo com ele enquanto ele se ajusta após o voo e seja paciente. A maioria se adapta rapidamente, e alguns levarão tudo numa boa!

A Primeira Noite em Casa

"Os filhotes testam o novo ambiente e limites mordendo, arranhando, puxando e cavando. Tudo pode ser comestível. Tudo pode ser alcançável. Quanto mais inteligente o filhote, mais problemas ele pode acabar causando. Exercite a mente e o corpo deles o máximo possível."

Francine Guerra
Alias Aussies

A primeira noite pode ser a mais difícil. É provável que todos na família estejam muito animados, mas tente não sobrecarregar seu novo Aussie. Lembre as crianças de serem calmas e gentis com ele. Evite apresentar seu Aussie a novos animais de estimação na primeira noite, pois é melhor dar a ele algum tempo para se ajustar ao novo lar. Alguns podem não parecer muito interessados em você no início, mas não leve para o lado pessoal – eles ainda estão tentando entender o que aconteceu com o mundo deles e dar sentido a tudo. Os recém-chegados geralmente são mais reservados nos primeiros dias, e isso é muito normal.

Desde a primeira noite, seu Aussie deve dormir na caixa dele, pois esse é "o lugar seguro" e a cama dele. Filhotes, em particular, frequentemente choram na primeira noite, especialmente se não estão acostumados com uma caixa. Mantenha-se firme. Se você deixá-lo sair toda vez que ele chorar, ele logo vai aprender que vai ser recompensado se gritar às três da manhã. No entanto, filhotes com menos de 12 semanas geralmente precisarão fazer as necessidades durante a noite. Se seu filhote acordar você depois de dormir tranquilamente por algumas horas, tire-o da caixa. Permita que ele faça as necessidades, mas resista à tentação de brincar com ele. Assim que terminar, ele deve ser colocado de volta no caixote. Ele provavelmente vai chorar por um tempo antes de finalmente voltar a dormir. Os filhotes aprendem melhor com consistência, e se você for consistente e firme desde o início, essa fase passará rapidamente.

Lembre-se de seguir a rotina planejada desde a primeira noite em diante. Isso ajudará muito seu Aussie a se ajustar à casa e à família. Se você precisar ajustar a rotina, tudo bem! Mantenha as mudanças e seja consistente.

Apresentando Seu Pastor Australiano aos Outros Pets

Permitir que seu Aussie conheça os outros membros peludos da família deve ser feito de maneira estruturada para tentar começar tudo com o pé direito. Se você tem mais de um cachorro, apresente-os ao seu Aussie um de cada vez. As apresentações devem ser feitas em uma área aberta e neutra. Corredores, por exemplo, são espaços apertados que podem fazer os animais se sentirem encurralados. Uma sala de estar ou quintal são ideais. Não deve haver comida ou brinquedos presentes, pois alguns cães podem se sentir ameaçados e possessivos.

Se um cão é muito agitado e o outro não, coloque esse cão na guia. Permita que os cães se encontrem calmamente e observe a linguagem corporal deles. Farejar, assumir uma expressão relaxada, abanar rapidamente rabo e fazer reverências de brincadeira são sinais excelentes. Corpos rígidos, bocejos, lambidas nos lábios e pelos eriçados ao longo das costas são sinais de que a tensão está aumentando e os cães devem ser separados por um tempo. Filhotes frequentemente lambem e mordem levemente o queixo dos adultos ou rolam de costas, o que é perfeitamente normal. Se o cão adulto rosnar para o filhote ou mostrar os dentes, mas parar quando o filhote recuar, não corrija ou repreenda esse comportamento. É assim que o cão mais velho está ensinando o filhote a ser respeitoso. Mordidas reais ou continuar rosnando ou "intimidando" o filhote mesmo quando ele recuou ou rolou de costas devem ser interrompidas imediatamente. Intervenha pegando o cão mais velho pela coleira com um "Não!" firme, mas calmo, e afaste-o do filhote.

Se as apresentações forem difíceis no começo, não desista. Prevenir que uma briga real ocorra e permitir que os cães passem tempo perto um do outro, mesmo que não estejam interagindo, pode suavizar qualquer tensão. Tente passear com os cães algumas vezes por dia perto um do outro, mas não perto o suficiente para se tocarem. Você também pode colocar um portão entre dois cômodos com um cão em cada um, para que eles possam se ver e até mesmo interagir um pouco, mas que ainda possam se retirar se quiserem. Se após 10-14 dias você não conseguiu integrar completamente seu Aussie na casa com seus outros cães, entre em contato com um especialista em comportamento animal para obter ajuda.

Dê ao seu Aussie e ao seu outro cão ou cães tempo longe um do outro no início, mesmo que as apresentações tenham corrido bem, especialmente se seu outro cão é idoso. Um filhote pode ser estressante para um cão mais velho no início, e ele vai agradecer por ter um tempo longe das travessuras do filhote! Você pode fazer isso alternando os momentos em que cada cão recebe atenção durante o dia. Para isso, mantenha um deles na caixa com um brinquedo ou petisco especial enquanto o outro passeia ou passa um tempo no quintal ou jardim, caso você tenha um.

Os Aussies geralmente se dão muito bem com gatos, mas o sentimento nem sempre é recíproco! Nunca force uma interação entre o Aussie e seu gato. Isso provavelmente causará um grande estresse para o felino e pode gerar problemas. Permita que seu gato tenha espaço para observar o Aussie à distância e conhecê-lo em seus próprios termos. Se seu Aussie tentar perseguir ou pular no gato, grite "Não!" ou "Ah-ah!" de forma firme, mas calma, pegue-o pela coleira e afaste-se do gato. Redirecione o cão para um brinquedo, e recompense-o com um petisco ou uma pequena brincadeira de cabo de guerra quando ele deixar o gato em paz.

Escolhendo um Veterinário e a Primeira Consulta

Escolher uma clínica veterinária de boa reputação é um passo extremamente importante para preparar seu Aussie para uma vida longa e com saúde. Busque recomendações de outras pessoas na sua região. Não tenha medo de ligar e fazer perguntas, ou de visitar a clínica pessoalmente antes de levar seu Aussie. A clínica deve ser limpa e bem administrada. A sala de espera não deve estar excessivamente lotada, e os tempos de espera para ser atendido pelo veterinário não devem ser mais de 15-20 minutos a partir do horário da sua consulta, a menos que um paciente de emergência tenha sido trazido para a clínica.

Ao escolher um veterinário, ele deve estar disposto a responder às suas perguntas com paciência e detalhadamente. Ele deve ser gentil e delicado com seu cão. Embora a maioria dos veterinários esteja na área porque ama o que faz e se preocupa de verdade com o seu Aussie, algumas poucas clínicas são mais motivada pelo lucro. Lembre-se: você é o defensor do seu cão. Você é quem deve decidir o que é melhor para ele. É melhor para o seu cão que você esteja bem-informado e participe ativamente do planejamento de saúde dele.

Foto cortesia de Hunter B. Martin

Não se esqueça de respeitar o tempo e a experiência do seu veterinário. Chegue às consultas pontualmente, agradeça pelos serviços e pague sem reclamar. Muitas clínicas oferecem os mesmos exames e procedimentos médicos que os hospitais humanos. A aquisição e manutenção desses equipamentos são extremamente caras, mas as clínicas veterinárias cobram apenas uma fração do que os hospitais humanos cobram. Não presuma que seu veterinário está tentando roubá-lo.

Idealmente, agende a primeira consulta veterinária algumas semanas antes da chegada do seu Aussie. Marque a consulta para cerca de 48 horas depois de trazer o cão para casa. A maioria dos criadores tem uma garantia de saúde geral de curto prazo, e se seu Aussie adoecer antes de chegar a você, é melhor documentar tudo para estar coberto por essa garantia. Leve todos os registros veterinários com você para a clínica.

Na consulta, leve alguns petiscos pequenos para tornar a experiência agradável para seu Aussie, especialmente filhotes. Mantenha seu Aussie na guia e perto de você; muitos cães não ficam felizes com visitas ao veterinário, então agora não é hora de apresentar o Aussie a outros cães. A recepcionista geralmente pedirá para você pesar seu cão, você esperará alguns minutos, e depois será chamado para uma sala de exames. Serão feitas perguntas sobre o estado de saúde atual do seu Aussie e que ração você está oferecendo a ele. Como muitas outras raças pastoras, seu Aussie pode ser sensível à Ivermectina e outros medicamentos, então certifique-se de informar o veterinário. Depois de tudo isso, e de esperar mais um pouquinho, o veterinário irá atendê-lo. Ele examinará os olhos, orelhas, dentes, órgãos genitais e abdômen do seu cão e medirá a temperatura dele. Ele também pode aplicar algumas vacinas essenciais necessárias. Esse é um ótimo momento para tirar dúvidas com o veterinário!

Adestramento para Filhotes

"Eu peço às pessoas que façam do adestramento de cães seu hobby, pois um instrutor que está familiarizado com raças pastoras pode identificar a linguagem corporal do cão e ajudar a guiar o dono em um caminho de sucesso. O tempo e dinheiro gastos em aulas de adestramento serão um dos seus melhores investimentos."

Tina Beck
Goldcrest Aussies

As aulas de obediência para filhotes são uma maneira fantástica e divertida de criar laços com seu filhote Aussie e educá-lo. Inicie o adestramento do seu filhote o mais cedo possível. Nunca espere até que ele esteja mais velho! Aos seis meses de idade ou mais, se algum mau comportamento foi tolerado por todo esse tempo, esse comportamento terá se tornado um padrão estabelecido. Comece a treinar seu Aussie enquanto ele é como uma esponja que absorve tudo, não como um adolescente cabeça-dura e rebelde que se acostumou com o mau comportamento por meses!

Entre em contato com o clube de cinofilia local da sua região para ver quando será a próxima aula de adestramento para filhotes. Geralmente, essas aulas acontecem uma vez por semana e duram de quatro a oito semanas. Pergunte há quanto tempo o instrutor está ensinando e qual a experiência dele com cães. As aulas devem ser relaxadas, informativas e estruturadas. Elas devem abordar socialização básica, ensinar como iniciar o treinamento básico de obediência do seu filhote e oferecer conselhos para treinamento de boas maneiras ou para evitar mau comportamento. Os Aussies em geral, e os filhotes em particular, têm mais sucesso com o treinamento baseado em reforço positivo. Este método usa petiscos, elogios e brinquedos para recompensar o cão por um trabalho bem feito, em oposição ao treinamento baseado em correção, que usa força ou punição quando eles fazem algo errado.

Você precisará reservar um tempo a cada semana para treinar seu filhote entre as aulas. Geralmente, os instrutores farão uma revisão no início da aula na semana seguinte para acompanhar o progresso e abordar quaisquer dificuldades que você esteja tendo. Embora a maior parte do treinamento seja feita em casa, o feedback que você recebe de um treinador experiente a cada semana na aula é um recurso extremamente valioso para ajudar ter sucesso com seu filhote!

Receber seu Aussie em casa será um momento especial e emocionante para sua família, e estar preparado tornará isso uma boa experiência para seu Aussie também! Mantenha a rotina, encontre um ótimo veterinário e curso de adestramento, e reserve bastante tempo para curtir e criar laços com o novo membro da sua família!

CAPÍTULO 5
Adestramento Sanitário

O adestramento sanitário é, provavelmente, a parte menos empolgante de ter um cachorro, mas uma das mais importantes. Não há nada mais frustrante do que ver sua casa sendo usada como banheiro! Muitos cães são entregues a abrigos porque seus donos não os treinaram adequadamente. Evite problemas desde o início começando com o pé direito!

Opções para o Adestramento Sanitário

Existem várias opções para o adestramento sanitário. A primeira, e mais comum, é ensinar seu Aussie que ele deve fazer as necessidades dele fora de casa. Para isso, você deve passear com ele ou levá-lo para fora com frequência suficiente para não ter oportunidade de ter um problema dentro de casa. A maioria dos cães consegue fazer essa conexão rapidamente se você for consistente e vigilante. Geralmente, uma área gramada no quintal ou parque é ideal, mas se você não tiver acesso a grama, pode levar algum tempo para seu novo cão aprender a fazer as necessidades no concreto ou na terra.

Outra opção, mais popular com raças menores, são os tapetes absorventes ou caixas de areia. Essas opções são ideais para filhotes pequenos se você não puder estar em casa para passear com eles ou soltá-los no quintal com frequência suficiente no primeiro mês enquanto você está no trabalho durante o dia. Elas podem ser usadas com cães adultos, mas a quantidade de resíduos é maior, então as bandejas e caixas devem ser maiores, e ficarão muito sujas rapidamente. O odor também pode rapidamente se tornar um problema.

Uma terceira opção é treinar o cão para usar uma portinhola para cães, que permite que ele acesse uma área externa ou quintal o tempo todo. Esta é a melhor opção em termos de conveniência a longo prazo. No entanto, ela pode não ser viável para todas as casas, e é preciso adotar medidas para garantir a segurança do seu cão enquanto ele estiver fora e você não estiver em casa.

As Primeiras Semanas

"Não os coloque em situações de fracasso. Fique atento a sinais como farejar o chão e os elogie MUITO quando eles fizerem as necessidades lá fora. Também é uma boa ideia ensiná-los a fazer as necessidades enquanto estão na guia."

Melonie Eso
WCK Aussies

Foto cortesia de
Sheila Romanski.

Consistência e prevenção de erros são a chave para treinar corretamente seu Aussie. Depois de decidir como você quer treiná-lo, você precisará saber os momentos-chave em que ele vai precisar fazer as necessidades e quais são os sinais.

Como regra geral, filhotes precisam fazer as necessidades após qualquer atividade. Isso significa imediatamente após acordar, comer ou beber água, depois de aproximadamente 20 minutos de brincadeira, ou logo após as sessões de treinamento. Cães adultos devem ter tempo para fazer as necessidades várias vezes por dia. Geralmente logo pela manhã, imediatamente antes de dormir, logo após as refeições e pelo menos uma vez durante o dia. Alguns sinais de que seu cão precisa sair, passear ou usar o tapete ou caixa incluem circular e farejar o chão, além de choramingar. Alguns aprendem rapidamente e tentam avisar olhando fixamente para você ou sentando-se na frente da porta.

Filhotes só conseguem segurar o coco e xixi por uma hora para cada mês de idade. Então, um filhote de dois meses deve esperar no máximo duas horas. Se você não conseguir chegar em casa com frequência suficiente para que seu filhote faça as necessidades, providencie para que um amigo ou vizinho leve o filhote para fora, ou monte um pequeno cercadinho com tapetes higiênicos ou uma caixa de areia para o primeiro ou segundo mês. É inaceitável forçar um filhote a se segurar em uma caixa de transporte enquanto você não está em casa. Ele vai acabar não conseguindo segu-

Foto cortesia de
Jessica Graf

*Foto cortesia de
Kirstie Kettleton*

rar, e, quanto mais isso acontecer, mais enraizado esse comportamento se tornará. Prepare seu filhote para o sucesso, não para o fracasso!

Recompensando o Comportamento Correto

Quando seu Aussie fizer as necessidades na área apropriada, celebre! Dar um petisco e fazer elogios felizes e controlados por um trabalho bem feito reforçarão ainda mais que este é o comportamento que você deseja. Você também pode optar por "marcar" o comportamento com um comando, como "xixi!" antes de dar o elogio e a recompensa. Isso pode ser útil se você precisar que seu cão faça as necessidades em momentos específicos sob comando.

Se encontrar xixi ou coco em casa, você pode ficar frustrado – mas só consigo mesmo. Seu cão ainda não entende o que é certo ou errado. Você é o culpado por permitir que seu cão fosse colocado em situação de fracasso. Não o castigue, não grite e não esfregue o nariz dele na sujeira. Um cão não tem nível de inteligência suficiente para conectar a ação anterior ao castigo atual. Você só está deixando-o assustado e prejudicando sua relação com ele. No entanto, se você o pegar no flagra, pode interrompê-lo gritando "Não!" ou "Ah ah!" de forma firme, mas clara. Leve-o imediatamente para fora ou para os tapetes, permita que ele termine e recompense-o quando ele terminar de fazer necessidades no lugar certo! E, da próxima vez, previna antes que aconteça!

Certifique-se de usar um produto educador sanitário se seu Aussie cometer um erro em casa. Os cães tendem a reutilizar áreas que cheiram a resíduos, então a última coisa que você quer é que ele seja incentivado a usar aquela área novamente!

Treinamento com Caixa para o Adestramento Sanitário

"Comece com uma área pequena para eles. Eles devem estar sob sua supervisão direta ou em uma caixa ou cercadinho pequeno. Ponto final. Se eles tiverem muita liberdade e puderem circular, incidentes vão acontecer. É muito mais fácil fazer certo desde o início do que ter que voltar atrás e desfazer maus hábitos."

Joanne Harvell
Canyon Lake Aussies

As caixas de transporte são a ferramenta mais útil que você terá para treinar seu Aussie. Os cães geralmente não gostam de ficar perto de seus próprios dejetos e não sujam o lugar onde dormem. Quando a caixa se torna a toca deles, eles aprenderão a segurar o coco e o xixi para evitar fazer sujeira. As caixas devem ter o tamanho apropriado – o suficiente para o seu cão se virar e deitar confortavelmente, nada mais. Se a caixa for muito grande, o filhote acabará fazendo as necessidades em um canto e dormindo no outro! Como já falamos aqui, muitas caixas de arame vêm com divisórias removíveis. Dessa forma, você pode comprar uma caixa para adultos e bloquear o espaço extra, aumentando o tamanho conforme o filhote cresce.

Você pode usar cobertores, camas ou almofadas na caixa, mas certifique-se de que sejam duráveis, laváveis e que não estejam sendo comidos! Alguns Aussies são mastigadores ávidos, então não se sinta mal se não puder cobrir o fundo da caixa por questões de segurança. Se engolidos, pedaços de tecido podem causar bloqueios intestinais que podem ser fatais. Depois que a fase de travessuras e mastigação do filhote passar, você pode tentar adicionar uma cama novamente.

Para começar o treinamento com caixa, você precisa ensinar ao seu Aussie que a caixa é o espaço dele e que é um lugar bom e seguro. Sempre dê as refeições na caixa para ajudar a construir essa associação positiva. Separe petiscos e brinquedos especiais apenas para quando ele estiver na caixa. Muitos brinquedos de borracha podem ser recheados com petiscos ou patê.

Certifique-se de que seu Aussie tenha bastante tempo fora da caixa. Os cães podem ficar entediados, e o que deveria ser um espaço especial pode se tornar uma prisão. As caixas devem idealmente ser usadas à noite, enquanto seu cão está sozinho em casa e durante os momentos em que ele não pode ser supervisionado de jeito nenhum. Você deve reservar tempo para ficar de olho em filhotes travessos e permitir que eles tenham tempo para brincar e passar tempo com a família. As caixas são ótimas ferramentas, mas você deve usá-las corretamente!

Cercadinhos e Portinholas para Cães

Cercadinhos e portinholas para cães podem ser ótimas ferramentas para ajudar no adestramento sanitário. Filhotes pequenos podem ser colocados em um pequeno cercadinho com uma bandeja ou caixa de areia quando você passar várias horas fora de casa. Isso é especialmente útil se você puder usar o que o criador do seu Aussie usou para os filhotes, pois seu cão já estará treinado para usá-lo. Se você decidir usar uma caixa de areia, escolha uma areia não tóxica. Vários tipos de pellets costumam ser aceitáveis. No entanto, alguns filhotes comem a areia. Se você observar esse comportamento, é melhor evitar possíveis problemas de saúde e usar tapetes ou outro método.

Portinholas para cães são ótimas se você precisar ficar fora de casa durante o dia. Certifique-se de que a porta seja de tamanho apropriado; uma porta de 60 cm deve ser suficiente até para os maiores Aussies. Para ensiná-lo a usar a portinhola, comece sem a aba. Peça a alguém para chamar seu Aussie para o outro lado da porta e recompense-o quando ele chegar ao outro lado. Faça isso várias vezes até que ele consiga fazer isso facilmente. Em seguida, coloque a aba na portinhola e faça a mesma coisa. Talvez você precise levantar um pouco a aba no início. Comece a abaixar a aba aos poucos até que ele consiga empurrá-la sozinho nas duas direções.

Se você estiver usando uma portinhola para cães como método de adestramento sanitário, certifique-se primeiro de que a área à qual o cão tem acesso do outro lado seja completamente segura. A área deve ser cercada e inacessível a outros cães ou animais selvagens, e fechada ou tranca-da para impedir que outras pessoas tenham acesso ao seu Aussie. Em se-guida, monte um pequeno cercado dentro da casa ao redor da portinhola. Esta área deve ser grande o suficiente apenas para o cão se deitar e ficar confortável. Após algumas semanas, você pode remover o cercado e fechar aquele cômodo da casa, e ele deve continuar a fazer as necessidades do lado de fora.

Deixando Seu Cão Sozinho em Casa

Em um mundo perfeito, nossos cães iriam conosco para todos os luga-res, mas infelizmente essa não é a realidade! Seu Aussie ficará sozinho em casa em algum momento, e é importante garantir que ele esteja seguro e confortável enquanto você estiver fora. Geralmente, o lugar ideal e mais seguro para seu Aussie enquanto ele está sozinho em casa é na caixa de transporte, principalmente se ele for filhote. Imagine que aconteça um in-cêndio na sua casa e os bombeiros entrem com equipamentos e máscaras para tentar salvar seu Aussie. Agora imagine como essa visão seria aterro-rizante para um cão! Ele provavelmente se esconderia debaixo da cama ou fugiria dos socorristas em vez de permitir ser pego. Se ele estiver na caixa, os bombeiros podem levantá-la ou arrastá-la até um local seguro, ou alcan-çar o Aussie para colocar a coleira nele. Além do possível risco de incêndio,

Foto cortesia de Lisa Ricard

as casas podem ser um lugar especialmente perigoso para filhotes. Eles provavelmente vão mastigar e engolir qualquer coisa que possa ser mastigada e engolida, e não importa o quão bem você ache que preparou sua casa para o filhote, ele provavelmente vai encontrar algo!

Se você não quiser usar uma caixa, a segunda melhor opção é usar uma portinhola para cães, um cercadinho, ou deixar o seu Aussie confinado a um cômodo cuidadosamente preparado. Para essa última opção, uma lavanderia ou banheiro costumam ser ideais, desde que não haja sapatos ao alcance e a tampa do vaso sanitário esteja abaixada! Certifique-se de que nenhum cabo ou item pequeno esteja ao alcance. Geralmente, cães adultos podem ser deixados soltos em casa se não tiverem mastigado nada que não seja deles recentemente, embora alguns cães tenham ansiedade de separação leve e possam se tornar destrutivos... muitas vezes, esses cães preferem a segurança de uma caixa!

Se você for consistente e minimizar incidentes, seu Aussie estará razoavelmente bem treinado em adestramento sanitário dentro de algumas semanas. Você ainda precisará passear com filhotes pequenos ou levá-los ao quintal ou jardim com frequência, e garantir que eles tenham um espaço seguro e apropriado para ficar enquanto você estiver fora de casa, mas logo seu trabalho duro será recompensado e você terá um companheiro adestrado para fazer as necessidades! Esta é uma das coisas mais importantes que você ensinará ao seu Aussie, pois ninguém gosta de pisar em sujeira de cachorro no chão (incluindo o próprio cão)!

CAPÍTULO 6
Socialização com Pessoas e Animais

"Sugiro levar o filhote a lugares com pessoas, barulhos e outros cães sob supervisão, variando constantemente a experiência deles. Você nunca deve forçar um filhote. O melhor a fazer é recuar para onde o filhote se sinta confortável, oferecer muito elogio e recompensas, e lentamente se aproximar das coisas, pessoas ou lugares com os quais ele não está confortável. Pode até demorar, mas devagar e sempre, mesmo durante um longo período, traz recompensas maiores do que forçar um filhote em uma situação com a qual ele não está confortável."

Joan Fry
Canil Bella Loma

Foto cortesia de
Tania Gomez Ayala

Socialização é o conceito de expor seu Aussie a uma variedade de estímulos positivos para que ele se acostume com as coisas que pode encontrar no dia a dia e lide com tudo naturalmente. Isso inclui conhecer várias pessoas, novos lugares, andar sobre diferentes superfícies, conhecer outros cães, além de ser exposto a novas visões e sons. Existe uma maneira certa e uma errada de realizar a socialização adequada.

A Importância de Uma Boa Socialização

"Coloque-os perto do máximo de animais que você puder. Permita que eles entendam que outros animais e cães nem sempre são uma ameaça. Qualquer coisa a que um Aussie não é exposto com frequência quando filhote pode se tornar algo que ele temerá quando adulto. E o medo gera mordidas e brigas."

Joanne Harvell
Canyon Lake Aussies

A socialização é uma parte crucial na formação de um Aussie equilibrado. Idealmente, isso deve acontecer durante o "período crítico de socialização", nas primeiras 16 semanas de vida do filhote. Durante esse tempo, os filhotes são como pequenas esponjas e se adaptam mais facilmente a novas experiências. Geralmente, os criadores começam esse processo na casa deles, desde o dia em que os filhotes nascem. Tocar e manusear os filhotes, escová-los, expô-los aos sons e imagens de um ambiente doméstico e receber visitas são os princípios básicos iniciais. Muitos criadores também usam várias ferramentas e programas para expor os filhotes a novas experiências a cada semana enquanto crescem!

A socialização deve continuar mesmo depois que um filhote deixa o local onde nasceu. Os filhotes devem ser expostos a todos os tipos de superfícies – madeira, carpete, pisos de cerâmica e laminado, grama, terra, cascalho e chão coberto de areia. Incentive-o a subir morros, tocos de árvores e escadas. Leve-o a um lugar novo a cada semana e torne isso uma experiência positiva! Nunca force ou pressione um filhote a interagir com algo com o qual ele não está familiarizado. Além de lembrarem de experiências positivas, filhotes também se lembram de experiências assustadoras e negativas. É sua responsabilidade proteger seu filhote de uma experiência ruim! Pode ser incrivelmente difícil desfazer uma impressão negativa depois que ela é formada.

As consequências da falta de socialização costumam se tornar aparentes à medida que um filhote cresce e se torna adulto. Ele pode hesitar em se aproximar de novas pessoas ou cães, evitar andar sobre superfícies desconhecidas e se afastar ou latir para objetos estranhos. Ele pode ter dificuldade para se adaptar a mudanças no ambiente. Problemas semelhantes podem ser vistos com um cão que teve uma experiência ruim com algo específico – se seu Aussie foi atacado por outro cão, ele pode temer interações com outros cães, ou apenas cães que se parecem com o que o atacou. Uma situação como essa pode exigir meses de trabalho para ser resolvida!

Socialização com Outros Cães

"Não force seu Aussie a criar relacionamentos. Respeite o tempo deles e deixe que deem o primeiro passo."

Adriana Plum
Turkey Run Australian Shepherds

Moldar as interações do seu Aussie com outros cães é fundamental para estabelecer uma boa base nas relações entre cães. A maioria dos Aussies é bastante neutra em relação a outros cães. Eles costumam amar os outros cachorros da família e podem fazer alguns amigos caninos próximos quando devidamente apresentados, mas serão indiferentes à maioria que encontrarem na rua. Não sinta que seu Aussie deve amar instantaneamente todos os outros cachorros! Na verdade, a maioria dos cães são neutros em relação a outros cães, e apenas uma minoria ama todos os outros cães. Isso não é tão diferente das relações interpessoais humanas – você provavelmente não corre até todas as pessoas que conhece, abraça e exige ser melhor amigo delas, certo?

Antes de apresentar seu Aussie a outro cão, peça permissão ao outro dono. Alguns cães se sentem muito ameaçados por cães estranhos e se tornam agressivos como forma de se defenderem. Se o dono recusar sua oferta, tudo bem – ele está fazendo o que é melhor para o cão dele. Se ele permitir, deixe os cães se cumprimentarem e cheirarem. Eles não devem agir de forma agitada. Bons sinais incluem cheirar, ter uma expressão relaxada, abanar rapidamente o rabo e fazer reverências de brincadeira. Se um cão rosnar, tentar se retirar, curvar os lábios ou estiver com o pelo arrepiado, separe os dois imediatamente e com calma para evitar uma briga.

A apresentação de filhotes a outros cães deve ser feita com cautela e de maneira controlada. É comum que filhotes mais velhos brinquem de forma muito bruta com filhotes pequenos, então geralmente é melhor evitar isso até que o filhote mais novo cresça um pouco. Ao socializar seu filhote com um cão adulto, tenha certeza absoluta de que o cão mais velho é seguro e tolerante com filhotes antes de permitir que eles se encontrem.

Foto cortesia de Hope Bailey

Interações Com Outros Animais de Estimação e Gado

Você também pode expor seu Aussie a outros animais. Isso é especialmente importante se você possui gado ou se algum dia quiser usar seu Aussie para pastorear. A segurança deve estar sempre em primeiro lugar, tanto para seu cão quanto para os outros animais. Animais grandes como gado e cavalos podem ser um perigo para seu Aussie. Um coice bem direcionado pode matá-lo ou feri-lo facilmente.

Aussies raramente machucam outro animal de forma intencional. No entanto, a maioria deles tenta guiar ou perseguir outros animais por instinto, o que pode estressar esses animais, fazer com que entrem em pânico e acabem se machucando. No geral, é melhor iniciar as apresentações com uma cerca entre eles para ver como seu Aussie reagirá. Se ele ficar com medo ou muito agitado, afaste-se com ele até que ele se acalme e depois aproxime-se novamente. Ofereça elogios por comportamentos calmos e confiantes. Se você quiser um encontro sem cerca, certifique-se de ter um comando de retorno absolutamente sólido, que seu Aussie sempre obedecerá, antes de apresentá-lo a outros animais sem guia. Se ele começar a perseguir o gado, chame-o para você e recompense-o por não perseguir os animais.

Embora alguns Aussies sejam naturalmente bons no pastoreio, é sempre melhor fazer algumas aulas ou pegar dicas de um treinador experiente de cães de pastoreio desde o início, se você quiser usar seu Aussie para pastorear gado. Em muitos casos, pode levar vários meses de treinamento para moldar o instinto de pastoreio de forma que o Aussie possa trabalhar para você!

Apresentar seu Aussie a animais como gatos ou pequenos roedores que não vivem na sua casa não é necessário. A maioria desses animais não gosta de ter contato com cães, e seu Aussie provavelmente não os verá no dia a dia fora de casa. Pequenos roedores são especialmente frágeis e podem ser acidentalmente feridos, então interações físicas entre eles e seu Aussie não são recomendadas.

Conhecendo Novas Pessoas

Aprender a interagir com outros seres humanos é uma das habilidades mais importantes que seu Aussie vai adquirir. As pessoas serão uma parte inevitável e incontornável da vida dele. Muitos Aussies são reservados com estranhos, e isso é totalmente aceitável. No entanto, eles ainda precisam aprender a tolerar pessoas sem medo.

Nunca deixe alguém se impor ao seu filhote se ele estiver com medo; isso só o deixará ainda mais assustado. Se seu Aussie estiver intimidado, manifeste-se e peça educadamente, mas com firmeza, que a pessoa dê espaço a ele! É sua responsabilidade proteger seu Aussie de uma situação ruim. Se ele estiver inseguro, deixe que a pessoa ofereça um petisco a ele de forma calma. Depois disso, ela deve ignorá-lo até que ele relaxe e peça atenção.

Alguns filhotes são naturalmente sociáveis. Nesse caso, é comum que eles fiquem muito agitados. Muitas pessoas também ficam empolgadas quando veem um filhote, o que pode exacerbar ainda mais a situação. Peça àqueles que cumprimentam seu filhote para falarem com calma. A educação também se aplica aqui – nunca deixe seu filhote morder pessoas ou pular nelas. Essa regra tem que ser absoluta. As visitas geralmente dizem que não se importam, mas lembre-os de que você se importa! Elas não devem acariciar o filhote ou dar atenção a ele até que ele consiga manter as quatro patas no chão!

Apresente seu filhote a todos os tipos de pessoas – altas, baixas, homens, mulheres, jovens, idosos, pessoas em cadeiras de rodas e pessoas com chapéus ou óculos de sol. Mantenha uma atitude calma e natu-

Foto cortesia de
Lauren Kilby

ral. Se você estiver ansioso ou agitado, isso se refletirá no comportamento do seu Aussie!

Pastores Australianos e Crianças

Muitos Aussies são ferozmente leais às "crianças deles". Por outro lado, crianças estranhas podem ser muito intimidadoras para eles. Crianças pequenas estão no nível dos olhos de um Aussie e podem tender a encará-lo sem intenção. A maioria é barulhenta, com movimentos repentinos e vozes agudas. Filhotes devem ser expostos a crianças com frequência e desde cedo, para que se acostumem com o comportamento delas. A mesma regra deve ser aplicada com crianças e com adultos – você não deve reforçar maus comportamentos permitindo que o filhote pule, persiga e mordisque crianças. Se isso ocorrer, diga "Não!" com calma, mas firmeza, e o redirecione para um comportamento aceitável, como sentar ou deitar. Se ele ficar muito agitado, separe o filhote da criança e tente novamente quando ele se acalmar.

O respeito pelos cães e pelo espaço deles deve ser sempre aplicado com crianças. Isso é extremamente importante para a segurança delas e o conforto do cão. Gritar, puxar pelos ou orelhas, bater, agarrar o rosto do cão, agarrar e sentar-se sobre o cão são comportamentos inaceitáveis. A maioria dos cães também se sente desconfortável com beijos e abraços. Sinais de alerta de que seu Aussie está muito desconfortável com a situação incluem lamber os lábios, bocejar, apertar os olhos, virar a cabeça, mostrar o branco dos olhos e tentar se afastar da situação. Você deve respeitar seu cão e removê-lo imediatamente da situação se vir esses sinais de alerta. Essas ações geralmente vêm antes de uma mordida, e é sua responsabilidade evitar que isso aconteça! Muitas pessoas dizem que não imaginavam que o cão pudesse morder, mas a realidade é que ele estava dando sinais de alerta o tempo todo – elas só não viram!

Reserve um tempo para ensinar as crianças, sejam suas ou de outra pessoa, a respeitar um cão. Elas devem sempre pedir permissão para acariciar um cão antes de se aproximarem dele. Se receberem permissão, devem ser instruídas a fazer carinho com calma e suavidade nas costas ou no peito, para que seja menos intimidador. Elas devem estar calmas e falar suavemente com o cão. Você não está apenas protegendo seu Aussie, mas também ensinando à criança lições de vida importantes. Os cães são uma grande parte das nossas vidas, e não há nada mais trágico do que uma mordida que poderia ter sido evitada. Crianças e cães podem ter relacionamentos maravilhosos e ser muito próximos, desde que comecem com o pé direito e aprendam a se respeitar mutuamente!

Se você estabelecer um padrão de que novas experiências significam coisas boas, ele será a base para o seu Aussie pelo resto da vida. Ter um cão feliz e bem treinado, que você pode levar a qualquer lugar sem medo de como ele pode reagir, é algo maravilhoso. Uma socialização boa, longa e adequada preparará seu Aussie para o sucesso! Ele também vai agradecer por isso, porque terá mais confiança e ficará feliz em passar mais tempo com você!

CAPÍTULO 7
Exercício Físico e Mental

Muitos problemas comportamentais são causados por excesso de energia e tédio. Por isso, exercícios físicos e estimulação mental são fundamentais para ter um Aussie saudável e feliz. Os Pastores Australianos foram criados para serem cães de trabalho altamente inteligentes, que passam longas horas na fazenda ou no sítio. Eles precisam de uma tarefa a cumprir para serem felizes. Existem muitas atividades e comporta-

Foto cortesia de
Ryan Albanese

mentos que podem satisfazer essa necessidade, e que não precisam necessariamente incluir pastoreio de gado!

Exercício Adequado à Idade

O exercício físico é uma necessidade absoluta para os cães, assim como para os humanos. No entanto, filhotes crescem muito rápido, e as placas de crescimento em seus esqueletos são propensas a lesões que podem causar danos permanentes e dor crônica no futuro. Por isso, curtos períodos de exercício intenso em superfícies macias e estáveis são ideais. Uma regra fácil de seguir é cinco minutos de exercício por mês de idade até duas vezes por dia; então, se seu filhote tem quatro meses de idade, ele pode se exercitar por até 20 minutos de cada vez. Grama, areia, neve ou tapetes de borracha funcionam como amortecedores e ajudam a proteger os ossos do filhote. Evite exercícios em asfalto, concreto ou pisos escorregadios. Além disso, nunca incentive um filhote a pular repetidamente até que ele tenha pelo menos 12 meses de idade, pois isso também pode causar danos irreversíveis. Saltos normais durante brincadeiras são aceitáveis, mas pedir ao seu filhote para pular repetidamente um obstáculo pode ser prejudicial para ele.

Foto cortesia de
Jennifer Rose

Tipos de Exercício Físico

A caminhada tradicional é quase sempre o que primeiro vem à mente quando pensamos em exercitar um cão. Caminhar, correr e andar de bicicleta com seu Aussie são ótimas maneiras de desenvolver resistência. Enquanto se exercita com seu Aussie na guia, sempre reforce bons modos sobre o uso da coleira. Ninguém gosta de ser arrastado por um cachorro! Se seu Aussie tentar puxar, pare onde está e espere que ele se vire para você. Elogie-o quando ele fizer isso e então continue andando. Se parar não chamar a atenção dele, comece a andar para trás, na direção oposta à que ele está puxando. Isso costuma ser suficiente para fazer com que ele preste atenção ao humano maluco que está indo na direção errada! Esta regra deve ser aplicada desde o primeiro passeio com o seu Aussie, e em todas as vezes depois disso. Cada vez que você permite ser puxado, você reforça esse comportamento! Quanto mais cedo você impuser essa regra, melhor. Certifique-se de que a coleira do seu Aussie esteja bem ajustada – você deve conseguir encaixar confortavelmente dois dedos sob a coleira, e não mais do que isso.

Quando passear com seu Aussie no asfalto em dias quentes, tenha cuidado para garantir que não esteja perigosamente quente. Um dia de 30 graus pode fazer com que a temperatura do asfalto chegue a 57 graus, o que pode queimar as almofadas das patas. Verifique a segurança da temperatura da rua ou calçada colocando o dorso da sua mão no asfalto; se você não conseguir mantê-la lá confortavelmente por 5 segundos, está quente demais para um passeio.

Cuidado com caminhadas de longas distâncias ou tempos prolongados ao ar livre em temperaturas extremas. O clima quente pode causar insolação, e temperaturas frias podem causar queimaduras por congelamento. Ofegar e salivar excessivamente, gengivas avermelhadas e pele úmida e suada são sinais de que seu Aussie precisa se refrescar o mais rápido possível. Leve-o para uma área sombreada, umedeça o corpo dele com água fresca e ofereça água fresca para ele beber. Evite água gelada, pois o resfriamento muito rápido pode causar outras complicações. Em climas frios, observe seu Aussie cuidadosamente para identificar sinais que precedem o congelamento. Levantar as patas ou tremer significa que ele está com muito frio; nesse caso, você deve levá-lo para dentro para se aquecer imediatamente. O aquecimento deve ser feito lentamente, oferecendo água morna para ele e envolvendo-o em toalhas quentes e secas.

Se você tem pouco tempo, esteiras podem ser uma ótima ferramenta para seu Aussie se exercitar. Esteiras humanas podem ser usadas para ca-

*Foto cortesia de
Mikayla McDonald*

minhada, embora esteiras específicas para cães sejam ideais. Você pode apresentar seu Aussie a uma esteira chamando-o para subir nela quando ela estiver desligada, elogiando e recompensando-o. Em seguida, enquanto ele não estiver na esteira, ligue-a na velocidade mais baixa. Chame seu Aussie de volta para a esteira e recompense-o quando ele subir ou tentar subir. Isso pode exigir tempo e paciência com alguns cães, mas no final muitos aprendem a adorar se exercitar dessa forma. Sempre supervisione seu Aussie quando ele estiver usando a esteira.

Outro exercício muito agradável é fazer com que seu Aussie persiga e busque bolas ou outros brinquedos. Esses curtos períodos de exercício intenso são ideais para gastar energia. Escolha brinquedos grandes o suficiente para que não possam ficar presos nas vias aéreas acidentalmente. Para ensinar seu cão a trazer o brinquedo de volta para você, comece jogando o brinquedo a uma curta distância e recompense-o quando ele pegar o brinquedo e trazê-lo em sua direção. A recompensa pode ser uma comida ou você pode jogar um segundo brinquedo!

Você também pode combinar brincadeiras de busca com a natação – embora não sejam considerados uma raça que naturalmente ama da água, a maioria dos Aussies gosta de nadar, o que também proporciona um ótimo exercício. Evite épocas do ano com enchentes e qualquer corpo de água profundo e com correnteza rápida. Apesar de nadarem bem, cães também podem se afogar ou ser arrastados por correntes fortes. Evite corpos de água parada, como lagos no final do verão. Se seu Aussie nadar em água parada, dê banho nele e seque-o completamente depois. Isso evita que o pelo dele fique com cheiro ruim, além de irritações na pele ou infecções causadas por bactérias frequentemente encontradas nesses locais.

Muitas pessoas levam seus Aussies para se exercitarem em parques para cães. Brincar com outros amigos caninos possa ser uma maneira fantástica de gastar energia, mas esteja ciente de que muitos acidentes e brigas entre cães podem ocorrer nesses parques. Pode ser arriscado reunir um grupo de cães desconhecidos. Se optar por visitar um parque desses, tenha certeza absoluta de que sabe interpretar a linguagem corporal canina, monitore de perto as interações entre os animais e esteja sempre preparado para intervir se as coisas piorarem. Um cão que evita os outros, se encolhendo ou se escondendo, olhares fixos, olhos arregalados (mostrando o branco dos olhos), postura rígida, lábios curvados, pelos eriçados e rosnados baixos são sinais de alerta que anunciam problemas. Uma postura corporal relaxada, abanar o rabo de forma circular e ampla, e fazer reverências de brincadeira são bons sinais de que todos estão se dando bem.

Importância do Exercício Mental

"É muito fácil treinar um Aussie, pois ele foi criado para trabalhar com humanos. Aussies são dóceis e dispostos a agradar. Eles também têm um forte senso de justiça. Isso significa que o dono não deve esperar que o Aussie fique feliz em um ambiente não gratificante e não natural."

Tina Beck
Goldcrest Aussies

Foto cortesia de Erick Heise

Foto cortesia de
Karie King
Kicking K Australian Shepehrds

Os Pastores Australianos são uma raça extremamente inteligente. Por isso, eles anseiam por estímulos mentais. Problemas comportamentais como cavar, mastigar itens da casa, latir excessivamente, andar de um lado para o outro, não conseguir se acalmar e morder o próprio pelo e patas podem ser sinais de que seu cão não está sendo mentalmente estimulado o suficiente. A estimulação mental é especialmente importante para filhotes, pois o cérebro deles está ocupado se desenvolvendo e aprendendo. Dar exercícios mentais com frequência para cães mais velhos também pode mantê-los alertas por mais tempo.

Curiosamente, o exercício mental pode deixar um Aussie fisicamente cansado! Embora não substituam o exercício físico regular, jogos mentais e treinamentos podem ser uma ótima maneira de dar ao cão uma válvula de escape em um dia chuvoso, se você preferir não sair por um tempo. Passar tempo com seu Aussie e fazer brincadeiras para manter o cérebro dele ativo é uma ótima forma de se aproximar dele.

Foto cortesia de
Jessica Graf

Dicas Para Manter Seu Pastor Australiano Ocupado

Existem muitas maneiras de desafiar o cérebro do seu Aussie. O adestramento pode ser muito saudável e agradável para você e ele. Isso inclui ensinar truques, comandos de obediência ou treinar para esportes caninos como percursos de obstáculos de agility. As sessões de treinamento devem ser animadas, positivas e breves. Algumas sessões curtas de 5-10 minutos distribuídas ao longo do dia são mais divertidas e eficazes do que uma sessão de 20 minutos, especialmente para filhotes com períodos de atenção mais curtos.

Existem muitos brinquedos à venda para cães . A maioria deles envolve fazer o cão pensar e se esforçar um pouco mais por uma refeição ou petisco, como brinquedos ou bolas que podem ser recheados com ração ou patê. Você também pode esconder ração ou os brinquedos favoritos dele em uma sala ou quintal e ensinar o cão a encontrá-los, ou até mesmo a encontrar você em um jogo de esconde-esconde. Treinar seu Aussie para farejar também é mentalmente desafiador e gratificante. Isso envolve ensiná-lo a reconhecer um cheiro específico, depois esconder o cheiro em uma sala ou no seu quintal e recompensá-lo quando ele localizar corretamente a fonte do cheiro.

Os Aussies adoram sentir que estão "ajudando". Se você não tem gado para seu Aussie pastorear, pode encontrar outro trabalho para ele fazer em casa. Ensiná-lo a pegar itens que você deixou cair, recolher os próprios brinquedos e guardá-los em uma caixa, ou até mesmo puxar um trenó ou carrinho são apenas algumas ideias que podem fazê-lo se sentir útil.

CAPÍTULO 8
Adestrando seu Pastor Australiano

"Esta é uma raça muito inteligente com um forte desejo de aprender"

Adriana Plum
Turkey Run Australian Shepherds

Foto cortesia de
Lauren Dunning

"Os Aussies são muito fáceis de adestrar. O principal conselho é consistência. Isso vale para qualquer tipo de treinamento com um Aussie. Se você não for consistente, eles vão lembrar e tentar insistir para conseguir o que querem."

Heidi Mobley
Western Hills Australian Shepherds

O adestramento é algo que você vai fazer com seu Aussie - deliberadamente ou não! Devido à inteligência aguçada da raça, eles estão sempre aprendendo e captando sinais de você. Como resultado, vale a pena dedicar tempo ao adestramento ativo do seu Aussie e reforçar os comportamentos que você deseja ver. Bons métodos de adestramento levam em consideração o ponto de vista do cão e tornam as coisas claras para ele. Tome as rédeas e seja proativo, ensine ao seu Aussie o que você espera dele desde o início, em vez de esperar até que surja um problema para resolver!

Benefícios do Adestramento Adequado

Todo mundo adora um cão educado. O que muitos novos donos de cães não percebem é que alcançar um bom comportamento geralmente exige muito tempo e esforço – é trabalhoso! Isso não acontece magicamente da

Foto cortesia de
Cynthia Hokes

noite para o dia. Dito isso, o adestramento pode e deve ser uma atividade divertida tanto para você quanto para seu cão. É uma das melhores maneiras de criar vínculo com seu Aussie e é um investimento para o futuro de vocês.

Expectativas Claras

"Eles são super fáceis de adestrar SE você estabelecer sua autoridade. Se você for muito permissivo com eles ou não for visto como o chefe, eles assumirão esse papel por você!"

Joanne Harvell
Canyon Lake Aussies

Uma das chaves para um adestramento eficaz é ter expectativas e objetivos claros em mente, e dividir essas expectativas em partes e etapas que seu Aussie possa entender. Você não pode treinar seu cão uma vez por mês e esperar progredir. Também não fará progresso da noite para o dia se houver um comportamento problemático que foi reforçado involuntariamente por algum tempo. Planeje sessões de 5-10 minutos pelo menos várias vezes por semana, preferencialmente todos os dias. Procure oportunidades para incorporar o adestramento em suas atividades diárias também. Horários de alimentação, passeios e brincadeiras podem ser usados com criatividade para reforçar os comportamentos que você está ensinando ao seu Aussie.

A consistência é fundamental para comunicar expectativas claras ao seu Aussie. Se você deixá-lo puxar a guia algumas vezes, ele não entenderá quando isso é aceitável ou não, e tentará puxar todas as vezes. Se você permitir que ele o arraste, estará reforçando esse comportamento porque continua indo com ele na direção que ele quer ir. Se, em vez disso, você nunca permitir que ele puxe a guia, parando onde está e esperando que a tensão na guia diminua antes de continuar a andar, ele vai aprender que isso não é aceitável, não funciona e, consequentemente, raramente puxará.

Todos que interagem com seu Aussie – família, amigos e visitas – também precisam entender suas expectativas. Se pular em você não é aceitável, também não é aceitável que outras pessoas permitam esse comportamento. Se as visitas reagirem positivamente quando seu Aussie pular nelas, acariciando-o e recompensando-o com atenção, ele provavelmente vai tentar isso com você para ver se funciona também – mesmo que você tenha

Foto cortesia de Mary Sanders

estabelecido anteriormente que isso não é permitido. Situações assim podem rapidamente minar seus esforços de adestramento!

Fundamentos do Condicionamento Operante

"Em geral, os Aussies são super inteligentes. Mas, como em qualquer raça, eles precisam ser ensinados a pensar. O método de modelagem ou condicionamento operante com clicker parece funcionar muito bem. A maioria dos Aussies é muito motivada por comida, e essa motivação pode ser usada como recompensa por respostas corretas durante o adestramento."

Joan Fry
Bella Loma Kennels

O condicionamento operante é um método de adestramento que usa recompensas e consequências para afetar o comportamento. Na verdade, o condicionamento operante acontece toda vez que você interage com seu cão e toda vez que ele interage com o mundo ao redor dele, à medida que consequências positivas e negativas ocorrem naturalmente. Essencialmente, ele envolve a criação de associações entre um comportamento e uma consequência. Por exemplo, se você tocou em um fogão quente quando criança, sentiu dor como consequência negativa. Você então associou dor com uma superfície quente e, a partir daí, provavelmente evitou tocar nessa superfície. Você também fez associações positivas, como quando era recompensado com um doce pelos seus pais ao concluir uma tarefa. Os cães aprendem de maneira semelhante, mas as coisas que percebemos como positivas ou negativas nem sempre são vistas da mesma forma por eles! Se seu cão pula em você, você pode pensar em empurrá-lo ou repreendê-lo como uma consequência negativa. No entanto, isso pode ter o efeito contrário – você está tocando no seu cão e falando com ele, duas ações frequentemente vistas como positivas por ele nessa situação.

Reforços Positivos

O reforço positivo pode vir de muitas formas. As recompensas mais comuns são comida, brinquedos, elogios verbais e afeto físico, como carinho. Os cães costumam se esforçar mais por um ou dois tipos de recompensa do que por outros. Para alguns, a comida tem valor imediato mais alto; para outros, um brinquedo favorito supera tudo. Reforços positivos também podem vir na forma de um resultado favorável para o cão. Por exemplo, se você quer ensiná-lo a não sair correndo pela porta, não permita que ele saia até que esteja sentado calmamente e você tenha dado permissão. Nesse caso, a recompensa é poder passar pela porta. Muitos cães podem ser adestrados quase inteiramente usando métodos de reforço positivo.

"Os Aussies adoram agradar seus humanos e são muito focados! Você vai ficar impressionado com a rapidez com que eles aprendem. E, quanto mais você ensina, mais fácil eles aprendem. Sendo uma raça sensível, eles respondem bem ao adestramento com reforço positivo. Métodos severos podem fazer um Aussie se fechar e parecer teimoso, mas, na verdade, ele só quer agradar."

Gayle Silberhorn
Big Run Aussies

Reforços Negativos

O reforço negativo pode incluir formas punitivas como repreensões verbais, coleiras de correção e correção física, ou assumir a forma de consequências negativas. Voltando ao exemplo da porta, uma consequência negativa para o cão é ser impedido de sair, o que pode ser feito fechando a porta. Essa costuma ser a forma mais branda de reforço negativo e pode ter ótimos resultados quando executada corretamente. Bater, gritar ou dominar fisicamente seu cão nunca são formas aceitáveis de correção! A correção física adequada pode incluir coisas como um puxão rápido e firme na guia para trazer o cão de volta à posição de junto, ou

Foto cortesia de Amanda Watkins

84

colocá-lo gentilmente em uma posição como sentar ou deitar. Repreensões verbais apropriadas devem ser usadas apenas para chamar a atenção para o comportamento como algo indesejável – um "ei!" simples, mas firme, é tudo o que ele precisa.

Os Perigos do Adestramento Baseado em Punição

"Filhotes de Aussie podem ser vocais, ter 'ataques de correria' e exagerar no entusiasmo. O engajamento deve ser recompensado e a punição usada com muita moderação. Eles são pensadores, então ensine-os a pensar."

Joan Fry
Bella Loma Kennels

A maioria dos cães, e os Aussies em particular, não aprendem bem com um método de adestramento punitivo. Embora você nunca deva ter que subornar seu cão por tudo, será difícil para ele aprender em um ambiente onde ele está sempre com medo da punição. Os cães não fazem coisas para nos frustrar ou decepcionar de propósito – eles pensam como cães, não como seres humanos. Na maioria das vezes, nós somos os únicos culpados pelos fracassos deles.

O adestramento baseado em punição costuma fazer com que os cães se tornem trabalhadores relutantes e sem entusiasmo. Em vez de agirem de forma feliz e disposta, eles fazem apenas o mínimo necessário para evitar a punição. Eles podem acabar evitando você em vez de passar tempo com você. Esse tipo de correção prejudica seu relacionamento com ele. Muitas vezes, você pode ver resultados rápidos a curto prazo com um método baseado em punição, mas o comportamento tende a reaparecer dentro de semanas ou meses, ou um novo comportamento indesejável pode surgir. Em vez de ser divertido, o adestramento se torna uma fonte de medo e estresse para seu cão. Se você fosse punido na escola por cada resposta errada e raramente recebesse elogios pelas respostas certas, você gostaria de aprender lá? Provavelmente não... e provavelmente também ficaria chateado com o professor!

Contratando um Adestrador e Participando das Aulas

Embora você possa e deva estar adestrando seu Aussie regularmente em casa, muitas vezes é extremamente valioso ter alguém experiente para dar orientações e insights. É comum fazermos coisas que impedem o sucesso dos nossos cães sem nem perceber. Um profissional pode identificar o problema só de observar você interagindo com seu cão. O mais importante é saber que aulas e adestradores profissionais não vão adestrar seu cão por você – eles vão ensinar você a adestrar seu próprio cão. Um adestrador pode dar início ao trabalho durante uma sessão, mas depende de você dar continuidade em casa se realmente quiser que seu Aussie tenha sucesso.

Veterinários, tosadores e clubes de cães podem recomendar adestradores em sua região. Ao buscar um adestrador, escolha um que use principalmente o adestramento com reforço positivo. Pergunte se você pode observar uma aula e veja se o adestrador se mantém positivo e animado. Um bom adestrador que trabalha junto com os donos precisa ter paciência com os cães e com as pessoas! Ele explica os métodos que usa de uma maneira que você entende? O cão está respondendo positivamente durante a sessão de adestramento?

Seja participando de uma aula ou contratando um profissional para aulas particulares, certifique-se de fazer sua lição de casa. Se você quiser progredir e aproveitar ao máximo uma sessão, pratique em casa durante a semana as coisas que aprendeu. Tornar-se um bom adestrador leva tempo, mesmo que seja só para boas maneiras e obediência básica, e muitas vezes requer que as pessoas mudem a maneira como se comportam e interagem com seus cães.

Divertindo-se em Esportes de Performance

"Esportes caninos e aulas de socialização são opções melhores para exercitar o corpo e a mente do que 'parques para cães'. Parques para cães são como acidentes prestes a acontecer."

Francine Guerra
Alias Aussies

*Foto cortesia de
Cynamon Rei Moseley*

Pastores Australianos são conhecidos como potências no mundo dos esportes caninos. Com o entusiasmo, inteligência e agilidade deles, eles podem se destacar em quase qualquer coisa. Adestrar seu cão para participar de competições aprofundará o vínculo entre vocês à medida que vocês aprendem a brincar no esporte escolhido. Existem muitas atividades diferentes nas quais você pode competir com seu cão, desde percursos de obstáculos cronometrados até pastoreio de gado em uma arena. A maioria desses eventos exige muito trabalho em equipe. Se você tem interesse em competir em um esporte com seu Aussie, entre em contato com o clube canino da sua região para ver se há aulas ou mentores disponíveis para ajudá-lo com os primeiros passos. Aqui estão alguns dos esportes em que você pode participar com seu Aussie:

- **Agility**

  Nesse esporte, você precisa guiar seu cão através de um percurso de obstáculos cronometrado. Saltos, túneis, gangorra e uma rampa em forma de A são apenas alguns dos obstáculos encontrados neste esporte de ritmo acelerado.

- **Obediência Competitiva**

  Nos níveis mais baixos de competição, a obediência competitiva inclui condução, chamados e permanências. Em níveis mais altos, seu cão pode precisar saltar conforme orientado, distinguir e recuperar objetos com seu cheiro, e mais.

- **Rally de Obediência**

  Este esporte relativamente novo combina condução, comandos de obediência e várias manobras em um percurso direcionado com placas.

- **Pastoreio**

  Você deve direcionar seu cão para guiar o gado ao redor de um percurso de calhas e portões. Ovelhas, gado e patos são os tipos mais comuns de animais utilizados.

- **Faro**

  Seu cão deve ser treinado para identificar certos odores escondidos em vários itens ou lugares, seja em uma sala ou em uma área definida ao ar livre.

- **Tracking**

  Neste esporte, seu cão deve ser capaz de seguir uma trilha de cheiro e levá-lo até onde a trilha termina.

- **Flyball**

Este é um esporte de equipe muito rápido – quatro cães se revezam sobre uma linha de obstáculos, pegam uma bola liberada de uma caixa e correm de volta com a bola para sua equipe.

- **Dock Diving (Mergulho em Doca)**

Seu cão deve saltar de um deck para uma piscina o mais longe que puder.

Se você estiver interessado em praticar um esporte com seu Aussie, entre em contato com o clube canino local e veja quais aulas eles oferecem. Você também pode pesquisar os calendários de eventos no site da Confederação Brasileira de Cinofilia (CBKC) ou dos clubes filiados ao CBKC que trabalham com cães pastores. Encontre um evento perto de você para participar e conecte-se com pessoas do esporte que possam te ajudar a encontrar clubes e associações regionais.

Foto cortesia de Lisa Ricard

Não existe um método de adestramento único que sirva para todos. Assim como as pessoas, os cães são únicos. No geral, se seu Aussie está respondendo ao método escolhido com entusiasmo, ele está funcionando. Se não estiver funcionando, não tenha medo de tentar algo novo ou de buscar ajuda de um especialista. O adestramento deve ser divertido, seja para educação básica ou para um esporte canino!

CAPÍTULO 9
Comandos Básicos de Obediência

"Eles podem ser um pouco controladores em situações ativas. Eu os chamo de fiscais da diversão. Ter um bom vínculo com seu cão através da obediência e boas maneiras vai ajudar. Um bom comando de deita e fica, solta ou vem é essencial. Os dois comportamentos são instintivos, então pode ser útil ter uma válvula de escape, como aprender Treibball (pastorear uma bola grande pelo quintal), ou até mesmo uma aula divertida de esporte canino. Alguns Aussies ficam frustrados se não tiverem uma válvula de escape e começam a latir excessivamente."

Melonie Eso
WCK Aussies

Foto cortesia de
Hope Bailey

O adestramento de obediência não deve ser considerado opcional – ele é uma parte essencial da sua responsabilidade com seu Pastor Australiano. Embora os cães tenham sido criados por milhares de anos para se tornarem parte do mundo humano e realizarem tarefas para melhorar nossas vidas, eles não vêm pré-programados sabendo o que esperamos deles. É nossa função ensiná-los quais são as nossas expectativas de uma maneira que eles possam entender! O adestramento básico de obediência é o primeiro passo nessa jornada.

Dicas para um Adestramento Bem-sucedido

Não existe um método único que funcione para ensinar um comando ou corrigir um problema de comportamento. O que funciona para um cão pode não funcionar para outro. Neste capítulo, vamos abordar os métodos mais comuns para ensinar sete comandos ou comportamentos básicos.

A maioria dos cães capta sinais físicos, como gestos com as mãos, mais rapidamente do que comandos verbais. Isso faz sentido da perspectiva do cão, já que eles se comunicam entre si principalmente através da linguagem corporal. Nossas vozes podem mudar significativamente dependendo das nossas emoções em um determinado momento, mas um simples gesto com a mão costuma ser bastante consistente. Os cães são extremamente perceptivos a sinais e mudanças sutis, então fique atento à sua linguagem corporal e tom de voz enquanto trabalha com seu Aussie. Um comando dado com entusiasmo pode significar algo diferente de um dado com voz calma ou frustrada, a menos que seu cão tenha aprendido que eles são a mesma coisa. Se você ensinar um cão a sentar com um sinal de mão e sempre usar a mão direita, ele precisará aprender que o mesmo sinal dado com a mão esquerda também significa sentar!

Quando estiver ensinando um comando verbal, espere para usar sua palavra para o comportamento ("senta", "deita" etc.) quando o cão estiver realmente começando a entender o comportamento. Certifique-se de ter a atenção do seu cão antes de dar um comando e dê apenas um comando por vez. Se você disser "senta, senta, senta!" e, após a terceira vez que você disser, seu cão sentar e for recompensado por isso, ele vai achar que o comando é "senta, senta, senta!", e não apenas "senta"!

A maioria dos cães não é boa em generalizar. Eles podem aprender a sentar ao ouvir o comando na cozinha, mas assim que os levar para outro cômodo ou para fora, você precisará ensiná-los que "senta" na cozinha é o mesmo em qualquer outro lugar. Pratique em lugares diferentes – di-

Foto cortesia de
Kayla Umbaugh

ferentes cômodos da sua casa, o jardim da frente, o quintal, no parque e em locais que aceitam cães. É mais fácil começar ensinando novos comandos em uma área com menos distrações (como em casa), e depois aumentar as distrações (treinando em público) à medida que seu cão compreende o comando.

Certifique-se de fazer sessões curtas – 5-10 minutos geralmente é suficiente. Garanta que o treinamento seja positivo e divertido. Sempre termine de um jeito positivo. Se seu Aussie estiver tendo dificuldades com algo, peça a ele um comportamento que ele consiga realizar com sucesso, e então encerre a sessão ali. Após uma sessão de treinamento, uma descanso curto de cinco minutos em uma caixa de transporte pode ajudar o cão a processar melhor o que ele acabou de aprender.

Marcadores de Comportamento e Comandos de Liberação

Antes de começar a ensinar comandos de obediência, você precisará de uma maneira de comunicar ao seu Aussie que ele fez algo corretamente. Isso é chamado de marcador de comportamento. Você também precisará ensinar um comando de liberação, que indica ao seu Aussie que ele pode sair de uma posição (como sentar, deitar, e assim por diante).

Marcadores de comportamento são uma forma de dizer ao seu cão "você acertou, então aqui vai a recompensa!". Eles podem ser uma palavra, como "Sim!" ou "Ótimo!", desde que seja sempre a mesma. Os marcadores também podem ser uma ferramenta chamada clicker, que faz um único som de clique quando você pressiona um botão. O benefício de um clicker é que ele sempre soa exatamente igual, enquanto sua voz pode mudar dependendo das suas emoções. No entanto, qualquer método vai trazer resultados satisfatórios, e você pode usar ambos.

Antes de usar um marcador, você deve "carregá-lo" – ou seja, você deve ensinar ao seu cão o que o marcador significa para que ele tenha efeito. Inicialmente, seu Aussie não entenderá que um clique ou um "sim" significa alguma coisa. Para carregar um marcador, separe alguns petiscos, preferencialmente macios e que seu Aussie realmente goste. Queijo mussarela em tiras, com baixo teor de gordura, ou petiscos comerciais macios para adestramento funcionam bem. Faça seu cão vir até você. Use seu marcador, faça uma pausa rápida, depois dê o petisco como recompensa. Repita isso 10 vezes. A sequência deve ser: sim/clique, pausa, recompensa, pausa; sim/clique, pausa, recompensa, pausa. Encerre a sessão e repita no dia seguinte. Até lá, seu Aussie já vai ter entendido que o marcador significa que coisas boas estão por vir!

Usar um marcador de comportamento requer um timing excelente. Você deve usá-lo no momento exato em que seu Aussie realiza o comportamento que você deseja. Se você pedir ao seu cão para sentar, você deve marcar o comportamento assim que o traseiro dele tocar o chão. Quanto melhor for seu timing, mais rápido seu cão aprenderá um comportamento.

Comandos de liberação são importantes porque ensinam ao cão que ele deve permanecer em uma posição até que você diga o contrário. Esta é uma base para os comandos de ficar. Em vez de pensar em "senta" e "fica" como dois comandos separados, faz mais sentido da perspectiva do cão se, quando você ensina "senta", ele aprende que deve permanecer sentado até que você o libere. Palavras comuns usadas para liberação são "tudo bem", "pode ir" ou "livre". Escolha uma, e lembre-se de que quando você dá ao seu cão um comando de posição, como sentar ou ficar, é você quem deve liberá-lo. Se ele se mover antes de você liberá-lo, corrija-o gentilmente colocando-o de volta na posição. Certifique-se de liberá-lo antes que ele faça isso por conta própria e recompense-o com carinho ou elogio depois. Como regra geral, você não deve dar petiscos após uma liberação, pois a própria liberação é a principal recompensa.

Comandos Básicos

Foto cortesia de
Colleen Bradley

Senta

Para ensinar "senta", primeiro chame a atenção do seu cão. Segure um petisco entre seus dedos e permita que seu cão o cheire. Agora levante o petisco lentamente sobre o nariz e a cabeça dele. O nariz do seu cão deve se inclinar para cima e para trás para seguir a isca. Quando isso acontece, o traseiro dele tende a descer. Assim que o traseiro tocar o chão, use imediatamente o marcador e recompense-o! Repita isso mais algumas vezes antes de fazer uma pausa. Se seu cão tiver tendência a recuar em vez de sentar, tente mover a isca mais alto e mais devagar. Você também pode tentar fazer isso contra uma parede ou em um canto para impedir que seu Aussie recue. Quando seu cão começar a entender o que você está pedindo, você pode adicionar o comando verbal (ou seja, "senta") e começar a "desaparecer com a isca". Desaparecer com a isca é quando você começa a pedir o comportamento sem usar o alimento para atrair o cão para a posição. Use comida a cada duas vezes, depois a cada três ou quatro vezes, e depois elimine-a completamente. Neste ponto, você já deve ser capaz de simplesmente levantar a mão com a palma para cima para sinalizar que ele deve sentar. Certifique-se também de usar o comando de liberação antes que o cão se levante. Ele só deve ter que ficar sentado por alguns segundos.

Deita

Para ensinar seu cão a deitar, primeiro chame a atenção dele e diga para ele sentar. Pegue um pequeno petisco entre seus dedos, segure-o na frente do nariz dele e permita que seu cão o cheire. Agora abaixe sua mão diretamente em direção ao chão. Seu cão deve começar a se agachar para seguir a isca. Quando isso acontecer, use seu marcador imediatamente e recompense-o! No começo, seu cão não precisa ir completamente até o chão. Repita isso mais algumas vezes, cada vez levando sua mão para mais perto do chão. Se seu cão tende a querer se levantar, você pode estar atraindo com sua mão muito à frente do cão ou abaixando-a muito rapidamente. Quando seu cão começar a entender o que você está pedindo, adicione o comando verbal "deita" e começar a desaparecer com a isca. Eventualmente, você deve conseguir abaixar sua mão em direção ao chão para sinalizar que ele deve deitar. Lembre-se de que quando ele entender o que significa o comando para deitar, é você que precisa liberá-lo.

Fica

Neste ponto, seu cão já deve ter uma boa compreensão dos comandos de sentar e deitar. Você também já terá estabelecido a base para um comando de "fica" sólido ao incorporar um comando de liberação. Agora, você vai começar a aumentar a quantidade de tempo antes das liberações. Peça ao seu cão para sentar. Espere três segundos, use seu marcador, recompense

Foto cortesia de Lauren Kilby

e libere. Repita isso algumas vezes em uma posição sentada, e novamente em uma posição deitada. A cada sessão, aumente o tempo em 3-5 segundos. Se ele se levantar antes de você liberá-lo, coloque-o de volta na posição e reduza o tempo em alguns segundos. Quando ele dominar ficar na posição com você parado na frente dele, você pode adicionar um comando verbal "fica" e começar a adicionar distrações. Tente dar um passo para o lado ou mover seus braços no início e recompensá-lo se ele ficar. Aumente a dificuldade um pouco a cada sessão. Retroceda se seu cão tiver dificuldades. Eventualmente, você deve ser capaz de andar ao redor dele, afastar-se vinte metros e fazer polichinelos enquanto ele fica. Isso exige tempo, persistência e criatividade. Cada nova distração é um novo desafio para seu cão.

Vem/Aqui

Para ensinar seu cão a vir de forma consistente quando é chamado, você deve fazer deste comando a coisa mais maravilhosa do mundo para ele. Comece chamando o nome dele e usando um comando como "vem" ou "aqui" quando estiver em casa. Use seu marcador e recompense generosamente com elogios alegres e uma recompensa alimentar quando ele vier até você. Faça uma pequena festa! Quando ele já estiver vindo até você de forma consistente dentro de casa, leve-o para fora e trabalhe com uma guia longa de 6 metros ou em uma área segura e cercada. Quando ele se afastar de você, chame-o pelo nome e use o comando para vir. Elogie-o verbalmente quando ele vier em sua direção e recompense-o com alegria quando ele chegar até você. Nunca, jamais, castigue ou repreenda seu cão quando ele vier até você. Isso só ensinaria a ele que vir até você significa que ele será punido, e, portanto, ele vai começar a evitá-lo. Se você precisar chamar seu cão para uma atividade desagradável, como tomar banho, certifique-se de separar um momento para recompensá-lo antes de começar o banho! Sempre recompense seu cão por vir até você, não importa o quão frustrado você esteja. Ensinar um cão a vir de forma consistente é

Foto cortesia de Sheila Romanski

importante para a segurança dele; isso pode salvar a vida dele se ele escapar ou estiver em uma situação de risco de vida.

Dá/Solta

Pense neste comando como uma troca. Você quer que seu cão ofereça voluntariamente o que quer que ele tenha, por achar que você lhe dará algo melhor em troca. Para ensinar seu cão a "dar" ou "soltar", com petiscos na mão, chame-o até você e ofereça um brinquedo, ou espere até que ele esteja brincando com você por conta própria. Então mostre ao seu cão o petisco, e assim que ele soltar o brinquedo, use o marcador e recompense-o com o petisco. Devolva o brinquedo e repita isso mais algumas vezes. Se seu cão perder o interesse no brinquedo, tudo bem, apenas encerre a sessão ali. Se você descobrir que seu cão está mais interessado no brinquedo do que nos seus petiscos, tente usar um item de menor valor ou experimente petiscos diferentes. Você quer que a comida seja mais importante que o brinquedo! Quando seu cão prontamente soltar o brinquedo ao oferecer um petisco, tente manter os petiscos em sua mão atrás das costas e alcançar o brinquedo com a outra mão. Se seu cão não soltar, ofereça a comida novamente e repita o primeiro passo mais algumas vezes. Eventualmente, comece a praticar com itens de maior valor, como petiscos comestíveis seguros para cães ou brinquedos de maior valor. Ensinar seu cão a soltar itens sob comando é muito importante no caso de ele estar mastigando algo perigoso ou tóxico.

Andando na Guia

Ensinar seu cão a andar educadamente na guia requer tempo e consistência. Quanto mais cedo você estabelecer as regras básicas, menos problemas terá a longo prazo. Primeiro, seu cão precisa aprender que puxar você não funciona. Nunca, jamais deixe seu cão puxar você. Nunca. Se ele começar a fazer isso, pare imediatamente. Geralmente isso é suficiente para fazê-lo parar e olhar para trás para ver por que você parou. Quando ele se virar para olhar para você, use seu marcador e recompense. Tente dar alguns passos à frente novamente, e recompense quando ele ficar com você por alguns passos, e depois a cada cinco ou seis passos. Você pode usar elogios verbais a qualquer momento, mas tente espaçar as recompensas alimentares para que o cão não se torne dependente delas. Se o seu cão continua a puxar mesmo quando você para e mantém sua posição, comece a recuar. Continue recuando até que ele olhe para você, então use seu marcador e recompense. Certifique-se de elogiar e recompensar seu Aussie quando ele permanecer perto o suficiente de você para que a guia fique frouxa por vários passos. Lembre-se que os cães precisam de consistência para aprender. Se você deixar ele se safar puxando a guia uma vez, ele fará isso na próxima vez, e todo o seu trabalho duro pode ir por água abaixo. Mesmo cães experientes precisam de lembretes de tempos em tempos sobre boas maneiras na guia!

O adestramento exige tempo e perseverança, mas a recompensa de ter um Aussie que entende completamente o que se espera dele tornará a vida melhor para vocês dois. Os Pastores Australianos vivem para agradar os humanos que amam, e não há nada que eles não façam por você!

CAPÍTULO 10
Lidando com Comportamentos Indesejados

O mau comportamento em cães é causado por diversos fatores – fases de desenvolvimento em filhotes, tédio ou excesso de energia, problemas inerentes de temperamento e expectativas pouco claras ou ambíguas da nossa parte. Os cães não fazem coisas para frustrar ou decepcionar os humanos de propósito. Infelizmente, muitas pessoas interpretam mal seus cães e aplicam pensamentos e sentimentos humanos a eles, o que acaba prejudicando nossos companheiros de quatro patas. Lembre-se de que seu cão não é um humano peludo – ele é um carnívoro domesticado

Foto cortesia de Joshua Martin

vivendo em um mundo humano. Ele está altamente adaptado para viver ao seu lado, mas ainda é um cachorro. Muitas vezes, precisamos parar e considerar o mundo do ponto de vista dele.

O que é Mau Comportamento em Cães?

Problemas comuns que os Pastores Australianos enfrentam incluem roer itens domésticos e outras práticas destrutivas, incluindo latir, pular em pessoas ou móveis e mordiscar calcanhares. No entanto, considere novamente que seu Aussie não está tentando ser desobediente ou decepcionar você. É provável que as necessidades dele não estejam sendo atendidas, ou que você não tenha estabelecido o que é e o que não é um comportamento aceitável para ele.

Prevenindo Comportamentos Problemáticos

"A maioria dos Aussies quer um trabalho para se manter feliz. Eles procuram maneiras de ajudar e vão criar tarefas se você não der uma a eles."

Allison Lutterman
DreamWinds

A prevenção é fundamental para ter o mínimo possível de problemas comportamentais para resolver. Isso geralmente começa no início, ao selecionar um filhote para trazer para casa – considerar o temperamento individual e a forma como os filhotes são criados tem um impacto enorme ao longo da vida do seu Aussie. Cães reprodutores excessivamente tímidos, ansiosos ou agressivos frequentemente produzem filhotes com os mesmos problemas. Essas falhas temperamentais enraizadas podem prenunciar uma infinidade de outras dificuldades mais tarde na vida e, embora a maioria possa ser mitigada até certo ponto, isso costuma ser desafiador e consome muito tempo, mesmo nos casos mais simples.

Depois de trazer seu Aussie para casa, é fundamental estabelecer uma base de expectativas claras. Adote uma abordagem de tudo ou nada. Considere o que você fez para alimentar esses comportamentos. Muitas vezes, nós mesmos estamos causando ou incentivando os comportamentos que achamos ruins! Entenda também que filhotes e até cães adultos recém-

-chegados ainda estão aprendendo as regras. Eles vão cometer erros, e isso é normal. Os filhotes, especialmente, são folhas em branco, e passam por estágios de desenvolvimento onde podem parecer esquecer as regras por um tempo. Paciência, repetição e consistência ajudarão vocês dois a superar essas fases.

A terceira chave para a prevenção é garantir que as necessidades físicas e mentais do seu Aussie estejam sendo atendidas. Quando eles não recebem exercício físico ou mental suficiente, isso costuma se manifestar através de comportamentos excessivamente destrutivos ou compulsivos. Certifique-se de que eles estejam se exercitando o suficiente todos os dias, e separe um tempo para treinar e brincar com eles!

"Os Aussies precisam CORRER! Não apenas uma caminhada casual pelo quarteirão, mas correr de verdade. Isso é muito importante. Eles são cães de trabalho que precisam exercitar o corpo e a mente. Jogos mentais podem ajudar quando o clima não colabora. Desafios, truques e treinamento são boas opções. Esteja determinado a exercitar esta raça todos os dias, ou você terá que lidar com um cão estressado e destrutivo."

Gayle Silberhorn
Big Run Aussies

Corrigindo Maus Hábitos

Roer

É completamente natural cães terem necessidade de roer – isso fortalece a mandíbula deles e ajuda a manter os dentes limpos. Filhotes, especialmente, tendem a roer mais devido à troca de dentes, assim como bebês humanos. O primeiro passo para resolver o comportamento inadequado de roer é reconhecer esse desejo natural, fornecendo uma variedade de brinquedos seguros e de boa qualidade ao seu Aussie. Eles devem estar sempre disponíveis para seu cão. Em seguida, você deve tentar manter a tentação fora de alcance, especialmente no caso de filhotes. Recolha sapatos, brinquedos de crianças e outros itens que seu Aussie possa querer pegar. Mantenha seu Aussie na caixa de transporte com alguns brinquedos quando você não puder estar por perto para monitorá-lo. Se ele conseguir pegar algo inadequado, diga com calma, mas firmeza, "Não!" ou "Ah ah!". Remova o objeto e ofereça um dos brinquedos dele em troca. Quando ele aceitar, lembre-se de elogiá-lo.

Se seu Aussie estiver determinado a roer um objeto que não deveria ou um móvel, tente usar um spray repelente sabor amargo no item. O sabor desagradável rapidamente desestimula esse comportamento e pode ajudar a quebrar o hábito, criando uma associação negativa com o item.

Cavar

Este comportamento pode surgir por tédio, tentativas de fuga, perseguição de presas como pequenos mamíferos, como uma forma de se refrescar, ou devido ao desejo de guardar brinquedos e petiscos para mais tarde. Cavar não representa um problema em si para o seu cão, mas pode causar danos consideráveis ao seu quintal. Primeiramente, certifique-se de que seu Aussie tenha muitos brinquedos e esteja recebendo exercício e estimulação mental suficientes. Se o clima estiver quente, certifique-se de que haja bastante sombra fresca ou mantenha-o dentro de casa durante os horários mais quentes do dia. Se ele realmente gostar de cavar, considere ter uma caixa de areia específica para ele em uma área sombreada.

Se você o pegar cavando em uma área inadequada, interrompa o comportamento com um "Não!" calmo, mas firme, e redirecione-o para a área de escavação apropriada ou para um brinquedo adequado. É comum que o cão retorne a um buraco depois de começar a cavar, então desestimule mais escavações nessa área colocando pedras ou tela de galinheiro sobre ela. Alguns cães são desencorajados quando você coloca pedaços das próprias fezes deles no fundo de um buraco antes de preenchê-lo com terra.

Ansiedade de Separação

Esse problema pode causar sofrimento significativo para os cães e os humanos que os amam. A ansiedade de separação acontece quando seu cão sente angústia leve a grave quando deixado sozinho, ou quando é separado de uma pessoa ou outro cão na casa ao qual ele está particularmente apegado. Sinais de ansiedade de separação podem incluir andar de um lado para o outro, latir e choramingar, babar, ofegar, tremer, comportamentos destrutivos como roer ou arranhar portas e janelas, ou fazer necessidades dentro de casa. É importante distinguir entre ansiedade de separação verdadeira ou outros problemas comportamentais – por exemplo, um Aussie fazer as necessidades dentro de casa pode apenas indicar a necessidade de reforçar o adestramento sanitário dele, e não ansiedade.

Se seu cão tem ansiedade de separação leve a moderada, considere seriamente o treinamento com caixa de transporte e dedique tempo para construir uma associação muito positiva com a caixa. Alguns cães com ansiedade leve se sentem mais seguros em suas caixas quando ficam sozinhos. Coloque seu Aussie na caixa por curtos períodos ao longo do dia e sempre inclua petiscos ou brinquedos especiais. Além disso, evite colocá-lo na caixa apenas quando você pretende sair. Você não quer que ele sempre associe a caixa a um evento negativo, como ser deixado sozinho.

Foto cortesia de Amanda Gabriel

Certifique-se de que seu cão se exercite por tempo suficiente antes de deixá-lo sozinho por qualquer período de tempo. Se ele estiver cansado, terá menos energia para comportamentos destrutivos. Além disso, comece a quebrar a rotina que você segue antes de sair de casa. Se você geralmente coloca os sapatos, pega as chaves e depois sai, tente variar: coloque os sapatos e depois vá se sentar à mesa por alguns minutos. Faça sua rotina um pouco diferente todos os dias e seja imprevisível. Isso ajudará a evitar que a ansiedade do seu Aussie aumente, já que ele não saberá mais quais eventos precedem sua saída. Quando você finalmente sair, lembre-se de manter a calma e evitar mostrar qualquer emoção. Coloque tranquilamente seu cão em seu espaço seguro ou canil com um brinquedo recheado de petiscos ou algo para mastigar, e saia. Nossas emoções ou tentativas de consolar nossos cães podem acabar piorando as coisas e aumentando a ansiedade deles.

Mordiscar e Abocanhar

Abocanhar e mordiscar durante brincadeiras é uma parte natural da brincadeira entre filhotes; no entanto, a pele humana é muito mais frágil do que a de um cão! Este comportamento pode se tornar perigoso se não for desencorajado desde o início. Se seu cão ou filhote brincalhão abocanhar ou mordiscar você, diga "Não!" e pare abruptamente de prestar atenção nele. Afaste-se e não olhe, toque ou fale com ele. Depois de alguns minutos, volte a interagir calmamente com o cão. Repita este processo se ele tentar abocanhar você novamente. Ele aprenderá rapidamente que a diversão acaba quando ele usa a boca em você.

Se seu Aussie gosta de mordiscar calcanhares, especialmente quando uma pessoa ou criança está se movendo, primeiro diga "Não!" e interrompa todo movimento. Peça para ele realizar um truque ou uma tarefa como sentar/ficar para redirecionar a atenção dele. Recompense-o quando ele obedecer. Para Aussies determinados a mordiscar calcanhares, pode ser necessário aplicar spray repelente de sabor amargo nas suas calças no início para desencorajar ainda mais esse comportamento.

Pular em Pessoas e Móveis

Este é um comportamento problemático que as pessoas frequentemente incentivam sem querer. Permitir ou não permitir patas em móveis ou pessoas deve ser uma regra de tudo ou nada. Você não pode desencorajar seu Aussie de pular em você para cumprimentá-lo um dia, mas convidá-lo a subir no dia seguinte. Isso só confunde o cão e torna difícil ou impossível para ele entender suas expectativas. Todos que interagem com seu Aussie também precisam seguir essas regras. Se não é aceitável que seu cão pule em você, também não deve ser aceitável ele pular em outras pessoas.

Lembre-se de nunca recompensar seu Aussie por pular em você. Muitas vezes, as pessoas tentam afastar os cães ou repreendê-los. No entanto, você está tocando neles e prestando atenção neles, e seu Aussie entende ambos como recompensa. Se ele pular em você, vire de costas imediatamente. Não olhe, toque ou fale com ele. Quando seu Aussie tiver as quatro patas no chão, elogie-o calmamente e tente novamente acariciá-lo e

cumprimentá-lo. Você pode ter que repetir isso várias vezes, mas ele logo aprenderá (com lembretes ocasionais) que quatro patas no chão rendem a atenção que ele deseja. Pratique isso com outra pessoa e seu Aussie na guia também; peça à outra pessoa que se aproxime para cumprimentar seu Aussie enquanto você segura a guia. Se seu cão tentar pular na pessoa que o cumprimenta, ela deve imediatamente recuar para fora do alcance dele. Quando ele estiver com as quatro patas no chão novamente e calmo, a pessoa pode tentar se aproximar novamente e recompensá-lo calmamente com petiscos ou elogios e afeto se o cão resistir à tentação de pular.

Permitir que cães subam em móveis ou na cama é uma questão de preferência pessoal. No entanto, saiba que é mais fácil estabelecer limites no início (depois permitir privilégios) do que desfazer um padrão aprendido de comportamento mais adiante. Se você decidir que prefere que seu Aussie não suba nos móveis, faça um lugar separado para ele – uma cama de cachorro confortável é uma boa escolha. Se ele subir nos móveis, diga "Não!" com calma, mas firmeza, e chame-o ou atraia-o para descer. Pegue um brinquedo favorito ou um petisco especial e use-o para guiar o Aussie até o espaço dele. Elogie-o quando ele se acomodar em seu próprio móvel!

Comportamento Inadequado com Outros Animais de

Estimação

Na maioria das vezes, esse problema vem na forma de intimidação de outros animais de estimação na casa. Se seu Aussie fica muito agressivo durante a brincadeira e faz coisas como bater com o corpo, morder o pescoço ou forçar o outro cão a ficar de costas, é hora de intervir. Coloque uma coleira plana de fivela em seu Aussie e prenda uma guia de pelo menos 1,80 metro antes de liberá-lo para brincar. Quando você vir um comportamento inadequado, diga imediatamente "Não!" ou "Ah-ah!" em um tom de voz firme, mas calmo, e leve-o pela guia para acabar com a brincadeira. Também pode ser útil neutralizar situações antes que elas se intensifiquem – se você vir seu Aussie ficando muito agitado, chame-o e recompense-o por obedecer. Peça a ele para fazer um truque ou sentar/ficar e recompense antes de liberá-lo para brincar novamente. Você também pode usar esses métodos para impedir que seu Aussie persiga ou brinque de forma agressiva com gatos e outros animais de estimação. Certifique-se de elogiar e recompensar quando ele estiver brincando bem ou interagindo calmamente com os outros animais de estimação.

Rosnar e Latir

Os cães se comunicam principalmente através da linguagem corporal e do olfato. No entanto, as vocalizações também desempenham um papel importante. Cães podem latir durante a brincadeira ou como forma de alerta ou aviso. A maioria dos latidos é excessiva, de alerta na janela ou no quintal. Para controlar isso, interrompa seu cão com um "Não!" firme e redirecione-o para um brinquedo ou peça para ele realizar um comportamento ou truque diferente. Recompense e elogie quando ele obedecer.

Cães podem rosnar durante brincadeiras, como durante um jogo de cabo de guerra, ou como um aviso sério antes de uma mordida; por isso, rosnados devem sempre ser levados a sério. Nunca puna seu cão por rosnar, pois isso apenas o ensina a não dar um aviso e cria uma situação muito perigosa. Na maioria das vezes, o cão está desconfortável ou com medo, e é assim que ele diz ao animal ou humano causador do medo para recuar. Se seu cão estiver rosnando para você ou um membro da família, procure ajuda profissional.

Quando Chamar um Profissional

Comportamentos problemáticos potencialmente perigosos, como mordidas e agressão ou timidez extrema, bem como problemas comportamentais nos quais você tenha trabalhado por semanas ou meses sem ver nenhuma melhora significativa, devem sempre ser avaliados por um comportamentalista animal ou adestrador profissional especializado nesses tipos de casos. Infelizmente, quando se está no meio de um problema grave, pode ser difícil ver onde as coisas estão dando errado até que um especialista observe a situação de fora.

Um comportamentalista geralmente falará com você por telefone ou pessoalmente, e fará muitas perguntas sobre seu cão e os problemas que você está enfrentando. Em seguida, ele marcará uma reunião pessoalmente para tentar ver o comportamento ao vivo e oferecer soluções adaptadas às suas circunstâncias. Muitas vezes, a raiz do problema está em algo que não identificamos antes. Após avaliar, o comportamentalista vai dar recomendações para você trabalhar em casa e planejará avaliações de acompanhamento para garantir que você e seu cão estejam progredindo.

O velho ditado de que "é melhor prevenir do que remediar" não poderia ser mais verdadeiro quando se trata de criar e treinar seu Aussie. No entanto, mesmo os donos mais preparados podem enfrentar problemas de vez em quando, e isso é normal! Aprenda a reconhecer problemas no início e trabalhe para corrigi-los antes que se tornem um problema maior. Nunca tenha vergonha de buscar ajuda de um profissional qualificado; muitos problemas comportamentais graves podem ser evitados se nós pedirmos ajuda assim que um problema surgir.

CAPÍTULO 11
Viajando com Seu Pastor Australiano

"Eles querem ir a todos os lugares que você vai."

Allison Lutterman
Dream Winds Australian Shepherds

Os Aussies são conhecidos como cães grudentos, e não é à toa – a maioria quer ser sua sombra constante. Eles são ótimos companheiros de viagem e adoram curtir a estrada com seus donos. No entanto, em outras ocasiões, é necessário que eles fiquem em casa. Neste capítulo, vamos abordar como tornar a viagem com seu Aussie segura e tranquila, e, também, como mantê-lo seguro e confortável quando ele não puder acompanhar você.

Foto cortesia de
Karyn Hynd

Caixas de Transporte e Cintos de Segurança para Cães

"Meus Pastores Australianos são excelentes companheiros de viagem. Eles adoram passeios de carro. Os Aussies são extremamente adaptáveis, desde que seu humano esteja envolvido. No entanto, eles devem estar seguros com cintos de segurança para cães ou caixas de transporte."

Francine Guerra
Alias Aussies

As caixas de transporte são sempre o lugar mais seguro para seu cão viajar no carro. Elas devem ser grandes o suficiente para que ele possa ficar confortavelmente em pé e se virar dentro delas. Caixas construídas com materiais mais resistentes, como alumínio ou aço, oferecerão melhor proteção em caso de acidente do que aquelas feitas de tecido ou plástico. O lugar mais seguro para as caixas é no chão ou na parte traseira do veículo. Prender firmemente as caixas pode evitar ainda mais que elas se desloquem ou se movam em um acidente.

Foto cortesia de Megan Rogers

Os cintos de segurança para cães estão se tornando cada vez mais populares e podem ser uma boa alternativa à caixa de transporte se seu veículo não tiver espaço para ela. Eles devem ser do tipo peitoral e bem ajustados, com tiras bem acolchoadas e o mais largas possível para distribuir a força do impacto. As amarras devem ser curtas e presas na parte de trás do peitoral, não no pescoço. Idealmente, seu cão deve estar sempre no banco traseiro do veículo. Airbags ou a falha do cinto peitoral no banco da frente podem ferir gravemente ou matar seu Aussie.

Preparando-se para a Viagem

A quantidade de preparação necessária para uma viagem com seu Aussie pode variar muito, dependendo de para onde você está indo e quanto tempo ficará fora. Antes de viagens curtas e em geral, dê ao seu Aussie tempo para fazer as necessidades dele antes de pegar a estrada. Evite alimentá-lo algumas horas antes da viagem, principalmente se ele for propenso a enjoos ou for um filhote. Remova itens ou objetos se seu cão não estiver dentro de uma caixa de transporte, e certifique-se de que nada perto da caixa possa ser mastigado ou puxado através das laterais.

Manter a identificação do seu Aussie quando você estiver viajando é extremamente importante. Os pets podem se perder durante a viagem, e é muito mais difícil recuperá-los em um local desconhecido. A melhor opção para todos os cães, independentemente se eles viajam com frequência ou não, é um microchip. Esta forma permanente de identificação, do tamanho de um grão de arroz, é implantada sob a pele do Aussie com um número de identificação único. Esse número pode ser registrado em um banco de dados nacional. Se seu Aussie se perder e for resgatado, organizações de controle animal e clínicas veterinárias podem ler o número de identificação com scanners e chegar até você. A segunda opção, que também pode ser boa como identificação adicional e rápida, é uma coleira plana e ajustada, com suas informações de contato escritas ou bordadas nela. Placas de identificação são frequentemente usadas, mas podem ficar presas e quebrar. Se você usar placas, certifique-se de que elas estejam bem presas.

Ao fazer as malas para uma viagem mais longa, faça uma lista de coisas para levar. Isso inclui ração, tigelas, possíveis medicamentos ou suplementos, uma caixa de transporte extra, sacos para recolher fezes, e brinquedos. Sempre tenha papel toalha e sacos para descarte à mão em seu veículo. Você só percebe como eles fazem falta quando não tem nenhum à disposição! Também é aconselhável manter uma cópia do comprovante de vacinação antirrábica do seu Aussie em caso de emergência, já que a vacinação é obrigatória em todo o território brasileiro.

Embora a maioria dos Aussies goste de passear de carro com seus donos, alguns têm medo no início. Para filhotes novos ou cães medrosos, comece as apresentações ao veículo lentamente. Comece com o motor desligado e coloque o cão no carro por um minuto ou dois. Recompense-o com petiscos e elogios, depois deixe que ele saia do veículo. Aumente o tempo lentamente e comece a ligar o motor ou a dirigir ao redor do quarteirão antes de voltar para casa. Seu Aussie logo associará passeios de carro com diversão, principalmente porque ele pode estar com você!

Viagens de Avião e Estadias em Hotéis

"Os Aussies são maravilhosos companheiros de viagem, desde que sejam treinados. Eu sugiro levar uma caixa de transporte se você for para um hotel. Isso é ótimo se você sair para comer fora, pois eles ficarão confortáveis e seguros na caixa."

Heidi Mobley
Western Hills Australian Shepherds

Transportar seu Aussie de avião traz desafios únicos, mas pode dar certo com o planejamento adequado. Os Pastores Australianos geralmente não são pequenos o suficiente para irem com você como bagagem de mão, a menos que sejam filhotes jovens. As restrições de bagagem de mão variam de acordo com a companhia aérea e podem ser uma boa opção se você estiver buscando um filhote em um criador. A maioria dos Aussies será transportada em uma área de carga pressurizada.

Antes de planejar viajar com seu Aussie, entre em contato com a companhia aérea que você usará e anote os requisitos dela. Depois de reservar um voo, você precisará agendar uma visita ao veterinário para obter um atestado de saúde e preparar uma caixa de transporte aprovada pela companhia aérea. As caixas precisam ter laterais rígidas (geralmente de plástico) e ser grandes o suficiente

Foto cortesia de Chris Weitzner

para que o cão possa ficar em pé, se virar e deitar confortavelmente. Elas devem estar em bom estado, com parafusos firmemente presos. Tigelas de comida e água devem ser fixadas com segurança no interior da porta da caixa, e um saco de ração deve ser colado na parte superior da caixa. Jornal picado, toalhas ou uma cama absorvente de bordas baixas serão suficientes para forrá-la.

Chegue cedo ao aeroporto e garanta que seu Aussie se exercite bem e tenha bastante tempo para fazer as necessidades. Evite oferecer uma refeição grande a ele antes do voo. Depois que ele estiver no avião, não hesite em ligar e perguntar sobre seu pet durante o trajeto para ter certeza de que ele fez as conexões do voo.

Estadias em hotéis costumam ser uma parte necessária das viagens. A maioria dos hotéis permite cães, mas muitos não deixam isso explícito em suas políticas nos sites. Se você está reservando estadias em hotéis e planeja levar seu Aussie com você, é melhor ligar para o hotel para avisá-los que você tem um cão. Alguns hotéis cobram taxas para pets, limitam a quantidade de cães por quarto, reservam quartos especificamente para hóspedes com cães, ou pedem que você assine um acordo adicional para pagar por eventuais danos.

Foto cortesia de Amanda Glazar

Tenha sempre consideração pelos outros e respeite as políticas do hotel em relação aos cães. Nunca deixe seu Aussie no hotel sem supervisão, sempre o mantenha em silêncio e devidamente preso, e certifique-se de limpar as necessidades dele. Alguns hotéis pararam de permitir cães nos quartos depois que outras pessoas abusaram desse privilégio. Lembre-se que é sua responsabilidade cuidar do seu cão e mantê-lo sob controle!

Hotéis para Cães vs. Cuidadores de Cães

Às vezes, você pode precisar viajar sem seu Aussie. Hotéis para cães e cuidadores de pets são boas opções para cuidar dele enquanto você estiver fora. Os hotéis para cães, conhecidos popularmente como "hoteizinhos" ou "creche para pets", têm uma área separada para o cão e podem oferecer serviços de banho e tosa durante a estadia. A maioria tem funcionários para alimentar e brincar com seu cão, limpar as necessidades dele. Eles devem ter autorização para funcionar e costumam ser segurados. Eles também costumam exigir comprovantes de vacinações, incluindo a vacina contra tosse dos canis.

Já os cuidadores de pets podem ir até sua casa ou levar seu Aussie para a casa deles. Eles costumam cuidar de apenas um ou dois cães por vez e geralmente podem oferecer um cuidado mais personalizado. Normalmente, é mais difícil encontrar bons cuidadores de pets, mas eles podem ser uma ótima opção para alguns cães, especialmente aqueles que se estressam facilmente em um ambiente de hotel para cães.

Ao considerar deixar seu Aussie num hotel ou contratar um cuidador, escolha com cuidado. Não tenha medo de entrevistar os proprietários ou a equipe do hotel que cuidará do seu cão. Peça para ver a instalação ou área onde seu Aussie ficará hospedado. Observe como eles lidam e interagem com outros clientes e confira avaliações positivas ou negativas online. Se a qualquer momento você se sentir preocupado ou inseguro sobre uma situação, confie no seu instinto e procure outro lugar. Antes de deixar seu Aussie, pode ser útil levá-lo ao hotelzinho ou levá-lo para conhecer o cuidador antecipadamente para facilitar a transição.

Viajar com seu Aussie e viver aventuras juntos pode ser uma ótima experiência para criar memórias divertidas. No entanto, nem sempre podemos levá-los conosco, e, para esses momentos, é ótimo ter uma pessoa ou equipe de confiança pronta para cuidar deles por um tempinho!

CAPÍTULO 12
Nutrição

"Normalmente, seu criador vai recomendar uma dieta que funciona melhor para os cães dele. Ouça-o."

Melonie Eso
WCK Aussies

Uma dieta saudável e completa é a base para uma boa saúde, tanto para cães quanto para humanos. Com centenas de marcas de ração disponíveis, além de dietas caseiras, dietas cruas, alimentos úmidos ou secos, e muito mais, pode parecer difícil escolher qual alimento é melhor para seu Aussie. Este capítulo vai ajudar você a navegar pelas muitas opções disponíveis para alimentar seu novo pet.

Foto cortesia de
Lauren Dunning

A Importância de uma Boa Dieta

Os cães são criaturas incrivelmente adaptáveis, e a dieta deles mudou drasticamente ao longo de milhares de anos. Eles descendem dos lobos, que caçavam presas para obter carne crua e órgãos para atender à maioria de suas necessidades nutricionais. À medida que foram domesticados, adaptaram-se a comer o que o homem descartava – restos de abate, comida velha, cascas de pão e o que conseguiam caçar ou encontrar por conta própria. A primeira ração comercial para cães só foi inventada em 1860, então a ração seca é uma adição relativamente nova à dieta deles. Hoje, a maioria dos alimentos comerciais segue diretrizes nutricionais estabelecidas por meio de estudos e testes de alimentação.

Escolhendo uma Ração Comercial de Qualidade

A ração seca é uma dieta acessível, conveniente e nutricionalmente completa. Uma das maneiras mais fáceis de determinar a qualidade de uma marca é observar os ingredientes na embalagem. Quanto mais próximo um ingrediente estiver do começo da lista, mais dele há na ração. Então, dependendo do que você está escolhendo para alimentar seu cão – seja carne, grãos ou vegetais, certifique-se de que esse ingrediente esteja no topo da lista para saber do que seu pet está se alimentando mais. Evite alimentos que usam termos genéricos para proteínas animais, como "gordura animal" e "farinha de carne e ossos". As fontes de carne nesses casos costumam ser, no mínimo, questionáveis. Os ingredientes devem ser sempre específicos, como "frango" ou "farinha de peixe".

Cuidado com uma tática chamada "divisão de ingredientes". A lista de ingredientes pode listar primeiro fontes de proteína, mas frequentemente você pode ver vários tipos diferentes de grãos ou leguminosas na lista também. Isso pode fazer com que a quantidade total de proteína de origem animal seja muito menor do que a soma total dos grãos por peso quando agrupados.

Assim como a comida humana, a ração para cães pode ser tingida para parecer mais atraente para os humanos que a compram. No entanto, os corantes não são necessários e nem saudáveis para os cães. Eles podem causar problemas digestivos como vômitos e diarreia no seu Aussie. Tente evitar rações que tenham qualquer tipo de corante.

Alguns donos de cães optam por alimentar com ração úmida em vez de ração seca. As rações úmidas contêm mais água, tornando-as mais pa-

Foto cortesia de Joanna Feldman

latáveis para cães exigentes. A textura também é mais fácil para cães idosos e filhotes consumirem. Novamente, observe a lista de ingredientes para determinar do que seu cão está se alimentando principalmente.

Embora as rações sem grãos tenham se tornado uma escolha popular para muitos donos de cães, evidências crescentes sugerem que dietas comerciais sem grãos podem predispor os cães à cardiomiopatia dilatada (CDC). Mais pesquisas precisam ser feitas, mas muitos veterinários agora recomendam que os donos de pets evitem dietas sem grãos. Se seu cão precisa permanecer em uma dieta sem grãos devido a alergias ou intolerâncias alimentares específicas, seu veterinário pode recomendar monitorar cuidadosamente seu cão para identificar sintomas de CDC, incluindo letargia, perda de peso, tosse e outros.

Dietas Caseiras

Embora a maioria dos donos de cães alimente seus pets com ração comercial, dietas caseiras e cruas estão se tornando populares. Dietas caseiras consomem mais tempo de preparo e podem ser mais caras em alguns casos, mas cães com muitas alergias alimentares frequentemente se beneficiam de refeições preparadas em casa. As vitaminas, minerais, gorduras e aminoácidos são mais frescos do que os encontrados em muitas rações comerciais. É preciso ter cuidado para garantir que as necessidades nutricionais completas do seu Aussie sejam atendidas. Você não pode oferecer apenas receber carne de músculo ao seu cão e esperar que ele fique ótimo – ele precisa de cálcio e outros minerais dos ossos, vitaminas das vísceras e pequenas quantidades de frutas ou vegetais, e assim por diante. Geralmente leva tempo para que deficiências se desenvolvam, e elas podem ser sutis. Portanto, certifique-se de estar oferecendo uma dieta equilibrada e variada ao longo do tempo! Consulte seu veterinário antes de implementar qualquer nova dieta caseira.

Há muita controvérsia em torno das dietas cruas para cães. Muitos acreditam que a comida crua é tão perigosa para cães quanto para pessoas – no entanto, esse pensamento está equivocado. Os cães têm sistemas imunológicos muito fortes e intestinos resistentes. Eles conseguem digerir ossos crus completamente e podem comer uma dieta crua de qualidade com risco muito baixo de desenvolver doenças transmitidas por alimentos. Poucos cães têm dificuldade para digerir alimentos crus ou sistemas imunológicos mais fracos devido a doenças pré-existentes. Para esses cães, podem ser oferecidas refeições levemente cozidas, com uma fonte alternativa de suplemento de cálcio, já que ossos cozidos são perigosos.

Ao preparar dietas cruas, pense em uma refeição com base no peso do seu cão. Cães adultos, em média, precisam consumir 2-3% do peso corporal deles por dia, e filhotes precisam de aproximadamente 5%. Para garantir que as refeições sejam equilibradas, você pode seguir esta proporção como diretriz geral:

- 80% Carne muscular (quaisquer músculos e certos órgãos musculares como coração, pulmões, moela, ou fontes de proteína como ovos)
- 10% Osso
- 5% Fígado
- 5% Órgãos secretores (rins, pâncreas, testículos, cérebro etc.)

A carne muscular inclui não apenas itens como peito de frango, carne moída, peixe e assados, mas também órgãos musculares como coração, pulmões e moelas de aves, havendo ainda a possibilidade de usar outras fontes de proteína, como ovos. Evite cortes de carne muito gordurosos, pois eles podem causar problemas estomacais.

Ossos carnudos crus são fundamentais para uma dieta saudável e dentes limpos. Lembre-se de que a carne muscular presa aos ossos deve ser contabilizada na proporção total de carne, não na proporção de ossos. As proporções de carne para osso em carcaças de aves costumam ser de 30% de osso para coxas e sobrecoxas, e aproximadamente de 50% para asas, dorso, pescoço e pés. Para costelas de boi, a proporção é de 50%, enquanto para costelas de cordeiro e porco a proporção é de 30%. Formas alternativas de cálcio para quem oferece dietas cozidas sem ossos crus incluem farinha de ossos e cascas de ovos bem moídas. Uma regra geral para adicionar esses itens é meia colher de chá de cascas de ovos moídas ou uma colher de chá de farinha de ossos por meio quilo de comida.

Vísceras são outra parte importante de uma dieta equilibrada para seu Aussie. Órgãos secretores como fígado, rins, cérebro, pâncreas e testículos fornecem várias vitaminas e minerais que ossos e carnes musculares não fornecem. O fígado deve sempre compor metade do peso total dos órgãos.

Um adicional de 5-10% de vegetais, frutas e ervas frescas também são valiosos para a dieta do seu Aussie. Lobos e outros canídeos selvagens geralmente comem o conteúdo intestinal de suas presas e são conhecidos por serem oportunistas na busca por vegetais e frutas. Boas escolhas incluem diferentes vegetais verdes, algumas poucas frutas vermelhas, e raízes ou abóboras ricas em vitaminas, minerais e enzimas que são seguras e apropriadas para cães. Escolha algumas opções diferentes e, idealmente, esses alimentos devem ser triturados para auxiliar na digestão completa. Para a maioria dos cães, não é preciso adicionar grãos – se você preferir adicionar, escolha grãos de maior qualidade, como arroz ou cevada, e deixe-os de molho ou cozinhe-os completamente antes de oferecê-los ao seu cão. Use quantidades pequenas e abaixo de 10% do peso da refeição. No geral, não há relatos de casos de CDC em cães alimentados com dietas cruas caseiras, possivelmente devido à grande quantidade de carne muscular fresca que oferece nutrientes benéficos para a saúde cardiovascular.

Os benefícios das dietas caseiras incluem dentes mais limpos, hálito mais fresco, melhor controle de peso e menos fezes para recolher, já que a comida do cão não está cheia de aditivos indigestíveis que aumentam o volume das fezes. Muitos cães vivem bem com uma dieta caseira bem equilibrada quando se toma cuidado para garantir variedade ao longo do tempo! Novamente, consulte seu veterinário antes de implementar quaisquer mudanças na dieta do seu cão.

Suplementos

Embora suplementos possam ser benéficos em alguns casos, lembre-se de que o excesso de algo bom pode se tornar problemático. Suplementos completos devem ser evitados para cães em dietas comerciais, pois elas já contêm todos os nutrientes que o cão necessita. Em alguns casos, suplementos podem ser usados para cães com dietas caseiras, se você estiver preocupado em não estar atendendo completamente às necessidades nutricionais dele. Suplementos geralmente seguros e benéficos para um cão em qualquer dieta incluem óleos de peixe para a saúde da pele e pelagem, e probióticos para a saúde intestinal. Quaisquer suplementos devem ser discutidos com seu veterinário para garantir a segurança do seu Aussie.

Petiscos e Comida para Humanos

Assim como a sobremesa para nós, humanos, os petiscos dados ao seu Aussie precisam ser limitados. Muitos petiscos podem desequilibrar a dieta dele, além de causar obesidade. A comida certamente pode ser usada como recompensa para treinamento de reforço positivo, mas as "recompensas" (petiscos) devem ser fornecidas com moderação. Além disso, as mesmas regras se aplicam para petiscos e para ração: escolha um petisco de qualidade, sem corantes ou propilenoglicol. Muitas vezes, seu Aussie ficará tão feliz quanto com um pedacinho de ração!

Evite alimentar seu Aussie com comida para humanos, pois isso também pode causar desequilíbrio alimentar e obesidade. Embora seja aceitável dar um pouco de queijo ou um pedaço de bife de vez em quando, você não deve colocar as sobras de todos os pratos na tigela dele após o jantar todas as noites. O sistema digestivo dos cães requer rotina – eles podem passar muito mal com mudanças repentinas na dieta. Também existem alguns alimentos que são bastante tóxicos para cães, mas inofensivos para nós. Estes incluem:

- **Chocolate**

  O cacau contém um alcaloide amargo chamado teobromina. Os cães têm dificuldade para processar esse composto, permitindo que ele se acumule a níveis tóxicos no corpo deles.

- **Cebolas e Alho**

  Esses vegetais do tipo bulbo contêm compostos que podem causar danos às células vermelhas do sangue.

- **Abacate**

  Esta fruta pode causar vômitos e diarreia.

- **Uvas e Passas**

  Estas frutas contêm toxinas que podem causar danos graves aos rins.

- **Fermento fresco (encontrado em massa de pão crua e similares)**

  Massa de pão e fermento fresco podem causar inchaço e diarreia.

- **Caroços de frutas**

  Caroços de frutas podem causar obstruções intestinais, e muitos deles, assim como as sementes de maçã, contêm cianeto, que pode causar envenenamento grave.

- **Cafeína e álcool**

Os cães são mais sensíveis aos efeitos da cafeína e do álcool. Estes podem causar distúrbios graves no sistema nervoso, como convulsões e comas.

- **Grandes quantidades de alimentos ricos em gordura (como leite, queijo, bacon etc.)**

Alimentos gordurosos podem causar inflamação do pâncreas, que pode ser fatal.

Controle de Peso

É comum as pessoas pensarem que estão sendo bondosas ao dar a seus cães tudo o que eles querem comer. No entanto, a alimentação excessiva pode levar à obesidade. Assim como pessoas com sobrepeso, um cão com excesso de peso pode ter problemas cardíacos, articulares e até desenvolver diabetes, entre muitas outras doenças. O sobrepeso pode diminuir significativamente a expectativa de vida de um cão e reduzir a qualidade de vida dele. Além disso, um dos primeiros sinais de problemas de saúde em cães é a diminuição do apetite, e é difícil saber se seu Aussie está comendo ou não quando todos na casa estão mantendo a tigela de comida cheia o dia inteiro. Uma das primeiras perguntas que seu veterinário fará quando você levar seu cão para um atendimento de emergência ou rotina é "como está o apetite dele? Quando foi a última vez que ele comeu?". Um cão adulto só precisa ser alimentado com uma quantidade apropriada cerca de duas vezes por dia.

Foto cortesia de Tania Gomez Ayala

Um cão com peso corporal ideal deve ter a cintura ligeiramente encolhida e uma silhueta moderada quando visto de cima. Ao passar a mão sobre a caixa torácica dele, você deve ser capaz de sentir cada costela individualmente ao pressionar levemente, cobertas por uma fina camada de gordura. Se você não consegue sentir as costelas do seu Aussie, ele está com sobrepeso. Se você consegue sentir o contorno das costelas sem precisar pressionar, seu cão pode estar um pouco magro. Avalie regularmente a condição corporal do seu Aussie e ajuste o tamanho das refeições conforme necessário.

Entender os fundamentos de uma dieta saudável é extremamente importante para a longevidade e qualidade de vida do seu Aussie. Independentemente de você escolher uma ração comercial ou uma dieta caseira, a qualidade é o que importa!

CAPÍTULO 13
Cuidados com a Pelagem do seu Pastor Australiano

"Com uma dieta balanceada de qualidade, a troca de pelos geralmente ocorre duas vezes por ano. Também depende do clima onde você vive. Haverá tufos de pelo flutuando pela casa e pelos de cachorro nas suas roupas. Acostume-se! Quanto mais você escovar seu Aussie, menos problema você terá com os pelos."

Melonie Eso
WCK Aussies

Foto cortesia de Katherine Frantz

Embora os Pastores Australianos certamente soltem pelos, a pelagem deles foi intencionalmente desenvolvida para ser de baixa manutenção e resistente às intempéries. Com cuidados regulares e apropriados, a escovação se tornará uma experiência fácil e agradável tanto para você quanto para seu Aussie!

Noções Básicas de Cuidados com a Pelagem

Bons hábitos de cuidados com a pelagem começam com um bom treinamento. Desde cedo, os filhotes devem começar a aprender a tolerar escovação suave, corte de unhas e a permitir que suas orelhas, boca e patas sejam manipuladas. Faça sessões curtas e divertidas, recompensando com elogios quando você pegar uma pata ou levantar uma orelha ou lábio para inspeção. É difícil manter os cuidados de cães que resistem à escovação e, quando isso acontece, os cuidados com a pelagem acabam sendo negligenciados.

O segundo segredo para uma pelagem de fácil manutenção é uma ótima alimentação! Certifique-se de que a ração ou a dieta caseira seja de excelente qualidade e nutricionalmente balanceada. Examine a pele do seu Aussie semanalmente. Ela parece saudável e praticamente sem odor? Ou está seca, descamando, inflamada ou com um cheiro adocicado desagradável? A pele seca geralmente pode ser resolvida adicionando uma pequena quantidade de óleo de salmão de qualidade à comida do seu Aussie diariamente. Este é um suplemento de alto valor calórico, então converse com seu veterinário e monitore cuidadosamente o peso corporal do cão. Peles que exalam odores estranhos e adocicados, áreas com perda de pelo e pele cronicamente não saudável podem indicar alergias, infecções por fungos e problemas de tireoide, entre outros problemas de saúde, e sempre devem ser tratadas por um veterinário.

Nunca, jamais raspe a pelagem do seu Aussie com máquina. Isso não reduz a queda de pelos e não diminui o calor ou aumenta o conforto dele. Raspar raças de pelagem dupla pode danificar permanentemente o pelo, fazendo com que ele cresça fino, irregular ou até mesmo com uma cor diferente. Às vezes, essa prática também pode irritar a pele, causando erupções que podem levar a infecções cutâneas. Manter a pelagem do seu Aussie intacta e cuidar dela com as técnicas descritas neste capítulo é uma so-

Foto cortesia de
Joshua Martin

lução muito melhor para mantê-lo com a melhor aparência e o mais confortável possível!

Banho e Secagem

"Eles precisam de escovação frequente. Como uma raça de pelagem dupla, precisam ser bem escovados. Também aparo pelos das patas, saias, orelhas e quadril. Os meus adoram ser secados com secador, e a escovação é um agrado para eles."

Joan Fry
Bella Loma Kennels

Banhos e escovações regulares reduzem consideravelmente os pelos deixados pela casa e ajudam a controlar a queda. Isso também ajudará a manter a pele do seu Aussie saudável, permitirá que você perceba mudanças na saúde dele, e pode ser uma experiência de fortalecimento de vínculo.

Geralmente, dar banho uma vez a cada 8-12 semanas é suficiente. Quanto mais frequentemente você der banho, mais importante será escolher um shampoo de alta qualidade e nutritivo para a pele. Shampoos vendidos para tosadores profissionais tendem a ser de melhor qualidade do que aqueles vendidos no setor de produtos para pets em supermercados. Shampoos concentrados que exigem diluição geralmente oferecem mais custo-benefício do que fórmulas prontas para uso direto do frasco. Se seu Aussie tem alergias ou pele sensível, tente usar uma fórmula hipoalergênica contendo aveia.

Teste a temperatura da água antes de colocar seu Aussie debaixo do chuveiro ou dentro da banheira – se a água estiver muito quente, ele pode se queimar. A temperatura da água importa para o banho! Água morna ajuda a liberar pelos soltos, enquanto água fria retarda esse processo e pode ajudar seu cão a reter a pelagem. Tenha toalhas à mão e, preferencialmente, um tapete antiderrapante no chão do box ou no fundo da banheira. Chuveirinhos removíveis tornam o banho muito mais simples; caso contrário, tenha uma tigela à mão para enxaguar. Molhe completamente a pelagem de cima para baixo. Adicione uma quantidade generosa de shampoo – é melhor colocar muito do que pouco! Massageie e espalhe o shampoo na pelagem, adicionando mais água conforme necessário. Tenha cuidado para não deixar sabão ou água entrar nas orelhas ou olhos do seu cão! Ao enxaguar, comece novamente de cima e vá descendo, garantindo que você esteja removendo completamente o sabão de cada área antes de seguir adiante. Quando tiver enxaguado o corpo inteiro, enxágue mais uma vez e depois sinta com as mãos para ter certeza de que não há manchas de espuma restantes – qualquer shampoo deixado na pelagem pode causar irritação intensa na pele e coceira. A maioria dos Aussies não precisa de condicionador se a pele estiver saudável, e se você usar um shampoo de boa qualidade. Alguns condicionadores caninos podem pesar no pelo, deixando-o com sensação oleosa ou pegajosa e de secagem lenta.

Ao secar seu Aussie, permita que ele sacuda um pouco da água de sua pelagem primeiro. Ao começar a secá-lo com a toalha, aperte suavemente o pelo com a toalha em vez de esfregar vigorosamente, particularmente onde o pelo é mais longo, já que esfregar tende a criar nós. Após secar com a toalha, você pode deixar que seu Aussie seque naturalmente, se desejar, ou colocá-lo na caixa de transporte com um ventilador soprando sobre ele. No entanto, uma das melhores maneiras de controlar a queda de pelos é usar um secador de força. Esses secadores potentes são usados por tosadores profissionais para remover completamente a água e os pelos mortos da pelagem. Secadores de força para uso doméstico geralmente têm entre 1HP e 4HP. Ao apresentar seu Aussie a um secador de força, comece devagar para acostumá-lo ao barulho alto e certifique-se de que seu cão esteja preso a uma mesa de tosa. Comece na configuração mais baixa, se for um secador de múltiplas velocidades. De frente para a traseira do seu Aussie, passe o seu braço que estiver mais próximo dele por baixo do corpo dele e segure-o junto a você. Com o braço livre, aplique o ar primeiro nos jarretes ou coxas e concentre-se nessa área. Sempre comece pela parte traseira do cão e vá avançando para frente. Elogie-o frequentemente por bom comportamento ou dê pequenas recompensas alimentares, pois elas permitem que você trabalhe com um braço livre. Sempre termine de forma positiva – se seu cão estiver assustado ou resistindo muito, recue um pouco até que ele se acalme e encerre a sessão ali. Os Aussies são inteligentes e logo perceberão que o secador é inofensivo, embora seja barulhento e estranho. Nunca deixe que o secador sopre no rosto ou nas orelhas do seu cão – geralmente é melhor terminar de secar essas áreas com um secador de cabelo humano na configuração fria, ou deixar que sequem naturalmente.

Escovando e Arrumando os Pelos

A escovação é a parte mais importante da higiene do seu Aussie. Uma escovação semanal controla a queda de pelos e ajuda a manter a pele saudável, liberando os óleos naturais que ela produz e aumentando a circulação sanguínea. Escolher as ferramentas certas para o trabalho é igualmente importante! Normalmente, você precisará apenas de uma escova de pinos e um rastelo para subpelo. A escova de pino funciona melhor para a manutenção média da pelagem, enquanto o rastelo ajuda a remover o subpelo morto durante períodos de queda intensa. Certifique-se de escovar até a pele usando uma técnica chamada escovação em linha.

Comece na área próxima ao cotovelo. Usando o dorso da mão, levante a pelagem para expor a pele. Comece nesta linha e escove para baixo, seguindo a direção do pelo. Trabalhe em uma linha da esquerda para a direita, levantando cada seção de pelo conforme avança. Em seguida, comece novamente logo acima da primeira fileira de pelos que você completou, repetindo esta linha e subindo pela caixa torácica até a linha superior e o pescoço. Repita esta técnica em cada lado do seu Aussie. Isso garante que você esteja escovando até a pele, removendo qualquer pelo morto no processo.

Não é preciso muito além disso para cuidar da pelagem de um Aussie. No entanto, muitos donos preferem arrumar ou aparar um pouco, ou organizar as franjas do cão para exposições. Tesouras retas destinadas à tosa de cães são essenciais para isso, e um par de tesouras de desbaste de qualidade também pode ser útil se você quiser um visual mais mesclado. As áreas mais comumente aparadas são os pés e os jarretes.

Para aparar o excesso de pelo nos pés, levante a pata do seu Aussie e examine a parte inferior. Usando tesouras retas, apare qualquer pelo que esteja saindo para que ele fique nivelado com as almofadas das patas. Apare o pelo ao redor das bordas do pé, arredondando-o. Em seguida, use sua escova de pinos para escovar para trás suavemente, das pontas dos dedos em direção à perna, e apare os tufos excedentes rente à parte superior do pé. Para os jarretes, escove o pelo para trás e apare tão curto quanto desejar.

Alguns donos de pets também optam por encurtar as calças (pelos na parte traseira das patas), as franjas na parte de trás das patas dianteiras, a linha inferior (parte inferior da caixa torácica), a juba (a manta de pelos na frente do pescoço) e o topo das orelhas. Embora isso possa ser feito com tesouras retas, geralmente elas deixam um aspecto irregular desagradável na pelagem. Boas tesouras de desbaste permitem um trabalho muito mais mesclado, embora sejam mais demoradas, pois removem menos pelo a cada corte. Você pode apenas afofar o pelo com a escova de pinos e aparar tão curto quanto desejar.

Cortando as Unhas

Manter as unhas do seu Aussie curtas é essencial para o conforto e bem-estar dele. Unhas longas podem causar dor nos dedos, pés e jarretes, além de serem propensas a quebrar ou até mesmo a serem arrancadas completamente. Embora esse cuidado rotineiro muitas vezes seja intimidador para os donos, não precisa ser! Certifique-se de que seu Aussie esteja acostumado a ter suas patas manipuladas. Torne isso uma experiência agradável e elogie seu cão quando ele permitir que você segure a pata e mexa nos dedos dele.

Para cortar as unhas do seu cão, selecione cortadores de unha feitos para cães. Se seu filhote ainda for pequeno, cortadores de unha humanos funcionarão por um tempo. As unhas dos cães têm um centro cheio de sangue chamado matriz, com terminações nervosas que são sensíveis quando cortadas. Você pode evitar atingi-las por engano sabendo onde cortar e removendo apenas pequenas partes da unha de cada vez. Segure a pata para fora e corte cada unha apenas onde ela começa a curvar perto da ponta; unhas rosadas geralmente são translúcidas o suficiente para que você possa até ver a matriz com boa iluminação. As matrizes também podem se alongar ou recuar dentro da unha. Para manter as matrizes mais curtas, mantenha as unhas do seu cão curtas!

Muitos donos preferem lixar as unhas de seus animais, pois é difícil lixar as unhas o suficiente para sangrar. Um lixador de unhas também pode ajudar a deixar as unhas mais curtas do que os cortadores tradicionais e ajuda a matriz a recuar mais rapidamente se ela tiver crescido. Escolha um lixador destinado a animais de estimação com bateria recarregável. Certifique-se de que seu cão esteja seguro para que ele não consiga se afastar durante o processo. Você quer que a guia esteja ligeiramente esticada quando seu Aussie estiver sentado ou em pé - isso o protegerá de tocar acidentalmente o nariz no lixador. Se seu cão tem pelos longos nos dedos, é importante aparar esses pelos para que não fiquem presos no lixador.

Segure a pata para fora e ligue o lixador. Permita que seu cão se acostume com o som e elogie-o quando ele estiver calmo. Puxe quaisquer pelos soltos restantes para trás com seus dedos, segure o dedo pretendido com suavidade, mas firmeza, e aplique o lixador por alguns segundos na ponta da unha, arredondando as bordas conforme avança. Verifique seu progresso – se você vir um pequeno círculo ou área rosa, você lixou a unha até onde é seguro ir.

Idealmente, as unhas devem ser cortadas ou lixadas semanalmente para mantê-las confortáveis e as matrizes curtas. Se você realmente não se sentir à vontade com essa tarefa, converse com seu veterinário ou um tosador profissional local e agende cortes regulares de unhas para seu Aussie.

Limpeza de Orelhas, Olhos e Dentes

Você deve cuidar não apenas da pelagem e unhas do seu Aussie, mas também de olhos, orelhas e dentes . As orelhas podem ser propensas a infecções por fungos ou bactérias e corpos estranhos. Examine-as semanalmente e observe a aparência e o odor. Orelhas vermelhas, quentes, úmidas, odores estranhos ou qualquer acúmulo excessivo de substância precisam ser examinados por um veterinário. Evite limpadores de orelha sem receita, a menos que recomendados pelo seu veterinário – alguns limpadores podem irritar o canal auditivo e torná-lo mais propenso a infecções. Para limpar a orelha de sujeira normal ou cera, basta pegar um pano macio umedecido com água morna e limpar suavemente a sujeira, só até onde você pode ver. Não coloque nada dentro das orelhas do seu cão, incluindo cotonetes.

A maioria dos cães tem uma pequena quantidade de secreção ocular crostosa no canto interno dos olhos, e isso é normal. Para limpar, use um pano úmido e aplique-o suavemente na área. Observe qualquer vermelhidão, lacrimejamento excessivo, secreção espessa ou turvação dos olhos e certifique-se de verificar qualquer um desses sintomas com seu veterinário.

Manter os dentes do seu Aussie limpos é muito importante para a saúde dele. A doença periodontal não apenas causa mau hálito e desconforto extremo ao seu cão, mas também pode aumentar o risco de doenças cardíacas, renais e hepáticas, além de fraturas na mandíbula. Certifique-se de que seu Aussie esteja acostumado a permitir que você toque na boca dele desde o início. Pegue o focinho dele na mão e levante os lábios suavemente para examinar os dentes, elogiando-o calmamente quando ele cooperar. Observe qualquer acúmulo de placa bacteriana, ou quaisquer dentes quebrados ou faltando. Dentes rachados ou quebrados e acúmulo excessivo de placa devem ser vistos e tratados por um veterinário.

Previna o acúmulo de placa escovando os dentes do seu cão duas a três vezes por semana. Para a escovação, escolha uma pasta de dente feita especificamente para cães. Pasta de dente humana pode ser tóxica. Algumas escovas de dente para cães deslizam sobre a ponta do seu dedo para facilitar a escovação. Prenda seu cão em uma mesa de tosa ou em um ambiente pequeno e aplique uma pequena quantidade de pasta de dente na escova. Em seguida, levante suavemente os lábios do seu cão para expor os dentes e gengivas. Passe a escova em movimentos circulares suaves, elogiando seu Aussie quando ele tolerar isso. Certifique-se de alcançar os molares de trás. Se você tiver dificuldades para escovar os dentes do seu Aussie, mantenha as sessões curtas, mas frequentes, e recompense-o com afeto ou brincadeiras.

Para ajudar na limpeza dos dentes do seu Aussie, ofereça um osso de fêmur bovino cru ou um pescoço de peru cru congelado para ele roer uma vez por semana. O desejo instintivo dos Aussies de mastigar naturalmente raspará a placa bacteriana dos dentes e manterá a mandíbula deles forte. Ofereça apenas ossos crus, que são seguros para cães e completamente digeríveis – nunca ossos cozidos ou defumados, pois estes são indigeríveis e podem se quebrar.

Quando a Ajuda Profissional é Necessária

Se você achar que está tendo dificuldades para fazer uma escovação completa ou a manutenção da pelagem, ou se está sobrecarregado durante a temporada de pico de queda de pelos, existem muitos pet shops disponíveis na maioria das cidades. No entanto, escolha com cuidado. Tosadores incompetentes ou inexperientes podem estressar ou machucar seu Aussie sem querer. Nem todos os estados exigem que os tosadores de cães sejam licenciados ou recebam treinamento profissional, e a opção mais barata pode não ser a melhor opção!

Converse com seu veterinário e outros donos de pets da região para ver quem eles recomendam. Busque avaliações na internet e nas redes sociais também – ter muitas avaliações positivas é um bom sinal. Quando tiver selecionado um ou dois tosadores para investigar mais a fundo, entre em contato com eles e pergunte se você pode fazer uma visita e um tour pelas instalações. Pergunte sobre os preços, políticas, anos de experiência e se eles têm algum treinamento ou qualificações. Quando visitar as instalações, observe o ambiente. É calmo e tranquilizador, ou tenso e agitado? Os tosadores são calmos e confiantes ao redor dos cães? Muitos animais de estimação ficam mais estressados e menos cooperativos quando os donos estão por perto, então não ache estranho se um tosador não permitir que você esteja presente durante a tosa. No entanto, ele pode deixar você observar parte do processo em outro cão.

Lembre-se de que a responsabilidade de treinar seu Aussie para permitir que as patas e corpo dele sejam tocados ou manipulados é sua, e não do tosador. Se você está tendo dificuldades com o comportamento do seu cão em uma determinada área, considere entrar em contato com um adestrador profissional ou comportamentalista animal certificado para resolver esses problemas antes de marcar uma visita a um tosador. Se seu Aussie precisa urgentemente de tosa, mas está tendo um comportamento negativo, explique a situação ao tosador antecipadamente e pergunte se ele estaria disposto a trabalhar nisso. Esteja preparado para pagar mais pelo tempo dele e talvez dividir a sessão em várias visitas para garantir uma experiência breve e positiva para seu Aussie.

Se você escovar seu Aussie pelo menos uma vez por semana, ele pode precisar visitar um profissional para uma tosa completa apenas uma vez a cada três a seis meses. Se você não o escovar com frequência, é mais apropriado levá-lo para tosar a cada quatro a oito semanas.

Manter seu Aussie com a melhor aparência e conforto possível é uma parte muito importante do bem-estar dele. A escovação regular ajuda a detectar muitas doenças e enfermidades nos estágios iniciais, permitindo que sejam tratadas mais prontamente. A escovação também é um momento de conexão. Quer você faça a maior parte da escovação em casa ou com um tosador, é impossível não admirar os Aussies quando eles desfilam com uma pelagem limpa e saudável, olhos brilhantes e orelhas em pé!

CAPÍTULO 14
Cuidando da Saúde do Pastor Australiano

"O Pastor Australiano é propenso a cataratas, doença ocular do collie, MDR1 (sensibilidade a múltiplos medicamentos), displasia de quadril e cotovelo, epilepsia e câncer. Um bom criador realiza testes para doenças e sabe onde o câncer ocorreu em suas linhagens."

Francine Guerra
Alias Aussies

D edicar tempo para aprender a cuidar da saúde e bem-estar do seu Aussie é uma responsabilidade extremamente importante. A saú-

de canina é um tema amplo e em constante evolução, e cabe a você se educar para fazer as melhores escolhas possíveis para o seu Aussie.

Visitas ao Veterinário

Assim como você vai ao médico anualmente para fazer exames, seu Aussie também deve ir! Consultas veterinárias regulares podem detectar muitos problemas precocemente, quando eles são mais fáceis de tratar. Seu veterinário examinará as orelhas, olhos, boca, abdômen e órgãos genitais do seu Aussie, além de verificar a temperatura e auscultar o coração dele. Ele também pode pedir que você leve uma amostra de fezes para investigar a presença de parasitas intestinais e coletar uma amostra de sangue para fazer exames de dirofilariose e doenças transmitidas por carrapatos. Cães idosos ou com problemas crônicos

Foto cortesia de Eva Kory

de saúde conhecidos também podem precisar de vários exames de sangue ou outros testes regularmente, conforme recomendado pelo veterinário.

Parasitas Internos e Externos

Parasitas externos, como pulgas e carrapatos, podem causar grande desconforto para seu Aussie, além de algumas doenças graves. As picadas de carrapato podem causar várias doenças diferentes, incluindo Doença de Lyme, Erliquiose, Anaplasmose, Febre Maculosa, Babesiose e Bartonelose. Essas doenças requerem diagnóstico precoce e antibióticos de amplo espectro. Exames de sangue para verificar doenças transmitidas por carrapatos devem ser realizados pelo menos a cada 12 meses, especialmente para cães que passam tempo em matas, arbustos ou campos regularmente, pois têm maior risco de pegar carrapatos infectados.

As pulgas são um problema que pode sair do controle rapidamente se você não for vigilante. Esses parasitas incômodos se multiplicam muito ra-

Foto cortesia de
Courtney Baney

pidamente e podem causar muito sofrimento ao seu Aussie. As picadas causam coceira intensa, e muitos cães podem desenvolver uma reação alérgica aguda. Pulgas e carrapatos são mais facilmente controlados com uso de um pesticida sintético tópico ou oral desenvolvido especificamente para cães. Os tratamentos tópicos incluem Fipronil, Imidacloprida ou Permetrina, enquanto os medicamentos orais incluem Lufenuron, Espinosade e Nitenpiram. Esteja ciente de que a Permetrina é tóxica para gatos e considerada cancerígena para humanos, então talvez seja melhor considerar outros tratamentos. Alguns medicamentos orais são usados em combinação com aqueles usados para tratar parasitas internos; no entanto, recomenda-se cautela, pois as reações medicamentosas parecem ser mais prevalentes quando esses medicamentos são administrados juntos. Embora a maioria desses medicamentos seja considerada segura, alguns cães são mais sensíveis que outros.

Os vermes intestinais incluem ancilóstomos, lombrigas, tênias e tricocéfalos, enquanto outros parasitas que habitam o intestino, chamados parasitas protozoários, incluem coccídeos e giárdia. Os parasitas intestinais são tipicamente contraídos ao ingerir ovos ou larvas por via oral através de solo, água ou roedores contaminados. O temido verme do coração (dirofilária), por outro lado, entra na corrente sanguínea através da picada de um mosquito antes de se alojar no coração.

Os sintomas de parasitas internos incluem diarreia, vômito, perda de peso, pelagem sem brilho, baixa energia e tosse, entre outros. Esses sintomas requerem uma ida ao veterinário, que verificará as fezes ou o sangue do cão em busca de sinais de parasitas. Existem muitos medicamentos diferentes no mercado hoje para tratar parasitas, incluindo vários que são vendidos sem receita. No entanto, nem todos os medicamentos matam todos os parasitas, e em algumas áreas os parasitas podem ter desenvolvido resistência a certos medicamentos. Os medicamentos usados para tratar parasitas internos incluem ivermectina, fenbendazol, praziquantel e muitos outros. A coccidiose requer um tipo diferente de medicamento, como a Sul-fadimetoxina. Sempre que seu cão for tratado para parasitas internos, você deverá levar amostras de fezes ao seu veterinário, que irá acompanhar para confirmar se o tratamento foi bem-sucedido.

As dirofilárias são de especial preocupação porque são muito difíceis de tratar em seus estágios avançados e podem ser letais. Os veterinários geralmente recomendam um tratamento preventivo mensal contra dirofi-lariose. Trabalhe com seu veterinário para determinar qual medicamento funcionará melhor para seu Aussie e certifique-se de entender quando e com que frequência ele deve ser administrado.

Vacinações

Embora existam várias vacinas para prevenir muitos tipos de doenças, nem todo cão precisa de todas as vacinas! As vacinações essenciais incluem aquelas contra Parvovirose, Cinomose e Raiva. A vacina contra o Adenoví-rus Canino, embora o vírus tenha se tornado mais raro no Brasil, ainda é frequentemente incluída nos protocolos de vacinação recomendados por muitos veterinários brasileiros. As vacinas não essenciais incluem Parain-fluenza, Influenza Canina H3N8, Coronavírus, Bordetella (tosse dos canis), Leptospirose e doença de Lyme. Essas vacinas só são administradas se o risco de contrair a doença for alto para o seu cão e as circunstâncias es-pecíficas dele.

A maioria das vacinas é administrada em uma dose combinada desti-nada a proteger contra várias doenças de uma só vez. Idealmente, menos é mais. Aquelas que têm maior tendência a causar reações – especificamen-te, Raiva e Leptospirose – devem ser administradas separadamente de ou-tras vacinas, e não antes de 16 semanas de idade, no mínimo, para filhotes.

É mais fácil entender os cronogramas de vacinação quando você enten-de como e por que as vacinas funcionam. As vacinas criam imunidade à do-ença ensinando o sistema imunológico do seu cão a identificar e responder ao vírus ou bactéria específicos contra os quais o cão está sendo vacinado. As bactérias e vírus na vacina estão mortos ou enfraquecidos, e são inca-pazes de se replicar ou causar doenças de verdade. Para cães com mais de 16 semanas de idade que nunca foram vacinados, a maioria dos fabrican-tes de vacinas indica que duas doses sejam administradas com três a qua-tro semanas de intervalo para criar imunidade. Estudos mostraram que as vacinas essenciais, administradas corretamente, podem fornecer até sete a nove anos de imunidade. Agora é recomendado que as vacinas essenciais sejam administradas no máximo a cada três anos, exceto quando a vacina anual contra a raiva for exigida por lei.

No caso de filhotes jovens, existem algumas diferenças em como seus sistemas imunológicos se desenvolvem. Filhotes recém-nascidos recebem anticorpos da mãe que os protegem por pelo menos cinco a seis semanas. Após esse período, os anticorpos maternos começam a diminuir. Se você vacinar um filhote jovem que ainda tem anticorpos maternos em quantidade suficiente, os anticorpos tornarão as vacinas inúteis e impedirão que o filhote desenvolva sua própria resposta imune. A ideia por trás de dar aos filhotes múltiplas doses de vacina com várias semanas de intervalo até a

Foto cortesia de
Jordan Kuhl

idade de 16-18 semanas é capturar a janela onde os anticorpos maternos ainda fornecem alguma proteção, mas são baixos o suficiente para permitir que a vacina funcione. Atrasar as vacinas por muito tempo pode colocar seu filhote em risco de contrair uma doença, enquanto vacinar com muita frequência é um desperdício de vacina e estressa o sistema imune dele. Para a maioria dos filhotes, a administração de vacinas essenciais com 8, 12 e 16 semanas de idade fornece uma proteção adequada.

As vacinas devem sempre ser administradas pelo veterinário. Embora muito raras, reações anafiláticas graves à vacina são sempre possíveis. Estas geralmente ocorrem logo após a vacinação. Seu veterinário terá epinefrina disponível para administrar caso isso ocorra. Se essa reação ocorrer em casa, você pode não ter tempo de levar seu cão ao veterinário!

Os fabricantes de vacinas geralmente cobrem as despesas médicas caso seu cão contraia uma doença para a qual ele foi previamente vacinado. No entanto, eles só honrarão esse compromisso se a vacinação tiver sido administrada por um veterinário licenciado, para garantir que a vacina foi administrada corretamente de acordo com as recomendações do fabricante.

Alternativas Holísticas

Muitas pessoas estão ficando cada vez mais desconfiadas da medicina tradicional e buscando uma maneira mais natural de viver – tanto para si mesmas quanto para seus animais de estimação. Existem muitas coisas que você pode fazer para tentar uma abordagem mais holística para controlar parasitas e gerenciar o risco de doenças.

Para ajudar a controlar pulgas e carrapatos, certifique-se de que seu cão receba uma dieta equilibrada e de qualidade, e mantenha uma pele e pelos saudáveis. Cães limpos e saudáveis são menos atraentes para as pulgas, e a escovação regular ajuda a detectar o início de uma infestação ou carrapatos precocemente. Sempre que você retornar de um passeio onde há grama alta ou arbustos, penteie cuidadosamente seu Aussie até a pele para verificar se há carrapatos. As orelhas e o rosto, os ombros e o pescoço são áreas comuns para a fixação de carrapato, mas eles podem ser encontrados em qualquer lugar - até mesmo entre os dedos!

Certifique-se de aspirar regularmente embaixo de móveis e em áreas onde seu Aussie gosta de descansar. Os aspiradores são extremamente eficazes na destruição de todos os ciclos de vida da pulga. Se encontrar alguma pulga, você pode aplicar levemente terra de diatomáceas ou um pó de ervas feito para matar pulgas em seu tapete. Lavar na máquina e secar a roupa de cama do seu Aussie no ciclo quente também mata pulgas. Para infestações leves em seu cão, lave-o completamente com um shampoo para animais que contenha Óleo de Neem, e siga com um enxágue de vinagre. Ao dar banho em um cão com pulgas, comece apenas molhando e aplicando sabão na cabeça e nas orelhas, depois ao redor da base do rabo antes de aplicar em outros lugares. Isso porque as pulgas tentam escapar subindo pelo nariz, orelhas e outras partes do cão. Repita os banhos uma a duas vezes por semana até que a infestação seja erradicada. Para infestações mais graves, você também pode aplicar pó de piretrina a 1% no pelo do seu Aussie a cada poucos dias até que as pulgas estejam sob controle. A piretrina é uma substância natural feita de flores de crisântemo e, embora seja bastante tóxica para as pulgas, é bem tolerada pelos cães. Aplique em uma área bem ventilada e tenha cuidado para não o produto não entrar nos olhos ou na boca do seu Aussie!

Óleos essenciais também podem ser usados como repelente natural de parasitas externos. Escolha uma mistura de óleos como eucalipto, capim-limão, citronela, limão, gerânio e cedro. Dilua cerca de 5 gotas de cada em 120ml de água destilada. Agite vigorosamente antes de cada aplicação e borrife levemente no pelo do seu Aussie antes de caminhadas ou trilhas.

Os parasitas internos podem ser mais desafiadores de controlar naturalmente. Certifique-se de recolher as fezes do seu Aussie prontamente e descartá-las no lixo. Não permita que seu cão perambule livremente em uma área onde ele possa encontrar uma carcaça de animal. Embora alguns donos apliquem vermífugos nos cães mensalmente, isso não é necessário se os exames parasitológicos de rotina não indicarem a presença de parasitas e se o cão não mostrar nenhum sintoma de parasitas internos. Ao contrário da crença popular, a terra de diatomáceas mostrou-se ineficaz em vários estudos para eliminar ou prevenir vermes intestinais. Algumas misturas de ervas destinadas a cães podem ser usadas de forma limitada, se administradas regularmente como medida preventiva.

A vacinação é frequentemente considerada a antítese de uma abordagem holística, mas na realidade uma abordagem conservadora à vacinação pode andar de mãos dadas com uma mentalidade holística. Uma alternativa aos reforços repetitivos é a titulação de vacinas. Os títulos são usados para medir a resposta imune do seu cão a várias doenças. Este teste pode ser realizado a cada um a três anos para determinar se alguma vacina deve ser administrada.

Embora a pesquisa sobre a eficácia do tratamento quiroprático para animais ainda seja bastante limitada, seus benefícios são promissores. Alguns donos de animais de estimação levam seus cães para ajustes regulares. Também pode ser de grande ajuda para aqueles animais que estão se recuperando de lesões. Idealmente, procure um veterinário certificado em quiropraxia animal.

Remédios homeopáticos e à base de ervas têm sido usados por séculos para tentar prevenir e tratar todas as doenças ou distúrbios que você pode imaginar. Embora alguns possam ser extremamente eficazes, outros podem não ser mais do que um placebo. Se você está considerando terapias alternativas para seu Aussie, consulte um Homeopata Veterinário ou Herbalista Veterinário para determinar quais remédios funcionarão melhor.

Castração do Seu Cão

A castração é a maneira mais comum de reduzir ninhadas acidentais e ajudar a prevenir que seu cão tenha vários problemas de saúde no futuro. Para a maioria dos donos de pets, a castração é uma escolha responsável. No entanto, deve-se pensar sobre quando é melhor fazer o procedimento. Estudos mostraram que castrar um animal muito cedo, antes da maturidade sexual, pode aumentar o risco de displasia de quadril, rupturas de ligamento cruzado e linfoma. Por outro lado, atrasar demais pode aumentar o risco de câncer de mama em fêmeas e problemas de próstata em machos. Um meio termo é entre 14 e 18 meses, mas não antes de 12 meses – isso permite que seu Aussie termine a maior parte de seu crescimento enquanto ainda colhe os principais benefícios que a castração oferece.

Se você optar por adiar a castração do seu Aussie, é essencial que você entenda sua responsabilidade de evitar que ninhadas acidentais ocorram. Nunca permita que seu cão perambule e, se seu Aussie for uma fêmea, monitore-a cuidadosamente em busca de sinais do primeiro cio após seis meses de idade. Os sinais de cio incluem mudanças de humor e uma vulva inchada, seguidos por uma secreção sanguinolenta que pode durar de uma a três semanas. Se sua Aussie entrar no cio, mantenha-a longe de qualquer cão não-castrado por pelo menos três semanas. Nunca a deixe fora de sua vista quando estiver do lado de fora; ela deve sempre estar na guia e, preferencialmente, atrás de uma cerca também. Os cães machos são muito bons em chegar às fêmeas no cio. Existem calcinhas projetadas para cadelas no cio que sua Aussie pode usar dentro de casa para conter a secreção vaginal.

Uma alternativa às cirurgias tradicionais de castração são a castração com preservação de ovários e a vasectomia. Esses procedimentos mantêm os ovários ou testículos, que fornecem os hormônios necessários para o crescimento e desenvolvimento adequados, mas são completamente eficazes na prevenção de ninhadas acidentais. A desvantagem dessas cirurgias alternativas é que elas são oferecidas apenas em algumas clínicas veterinárias – geralmente especialista em reprodução canina – e seu Aussie ainda terá as mesmas tendências hormonais de um cão não-castrado. No entanto, um bom treinamento evitará que a maioria dos comportamentos problemáticos se desenvolva.

Doenças e Condições Comuns em Pastores Australianos

"Converse com seu criador sobre problemas de saúde; aprenda o que está no histórico familiar e o que esperar. Existe um site maravilhoso, 'www.ashgi.org', com uma tonelada de informações ótimas sobre problemas de saúde na raça."

Melonie Eso
WCK Aussies

Os Aussies, como qualquer raça, podem ser propensos a certos problemas de saúde genéticos. A displasia de quadril é um dos distúrbios mais comuns. Esta é uma malformação dolorosa da articulação do quadril e é moderadamente hereditária, embora fatores ambientais e nutricionais também possam causar ou piorar em alguns casos. Um pouco menos comum é a displasia do cotovelo, uma malformação da articulação do cotovelo. Os sintomas incluem dor, rigidez, mancar e outras anomalias de marcha. Essas condições podem ser diagnosticadas com um raio-X. Certifique-se de que seu Aussie tenha uma dieta equilibrada e não permita que filhotes façam saltos repetitivos ou muitos exercícios de resistência antes de estarem totalmente maduros. Nunca permita que seu Aussie se torne obeso, pois isso coloca uma tremenda pressão nas articulações dele.

Vários distúrbios oculares afetam os Pastores Australianos, incluindo Cataratas Hereditárias (HC ou HSF4), Anomalia Ocular do Collie (CEA) e Atrofia Progressiva da Retina (PRA). Testes genéticos podem ser feitos para descartar essas doenças, embora o HSF4 não seja responsável por todos os casos de cataratas hereditárias. Embora cães idosos certamente possam desenvolver cataratas devido ao envelhecimento natural, as verdadeiras cataratas hereditárias geralmente começam a aparecer muito mais cedo na vida do cão e às vezes podem causar cegueira total. A Anomalia Ocular do Collie causa vários defeitos no tecido do olho, variando de pouco ou nenhum comprometimento da visão até cegueira total. A CEA é aparente em filhotes jovens por meio de um exame oftalmológico e não é progressiva. A Atrofia Progressiva da Retina, por outro lado, é uma degeneração progressiva do tecido da retina que leva à cegueira e pode levar vários anos para aparecer em um exame ocular.

Foto cortesia de Samantha Davenport IG @coopandtug

Doenças autoimunes também são bastante comuns em Aussies e podem causar muito sofrimento quando graves. Este grupo de distúrbios ocorre quando o sistema imunológico do corpo começa a atacar seus próprios tecidos – pode ser herdado, mas também é frequentemente desencadeado por fatores ambientais. As doenças autoimunes mais comuns nesta raça incluem alergias moderadas a graves, Tireoidite Autoimune (hipotireoidismo), Doença Inflamatória Intestinal, Lúpus e Pênfigo. Não há teste genético para doenças autoimunes e, infelizmente, muitas levam vários anos para se desenvolver. Visitas regulares ao seu veterinário ajudarão a detectar essas doenças precocemente.

Outra preocupação que os Aussies enfrentam é a reprodução acidental ou indiscriminada de dois cães merle. Quando os cães carregam um único gene merle, eles exibem o padrão de pelagem bonito e único pelo qual a raça é frequentemente conhecida. No entanto, quando a prole herda duas cópias do gene merle – uma do padreador e outra da matriz – os filhotes nascem com grandes quantidades de pelo branco. Embora muitas pessoas achem isso impressionante, também está associado à surdez e defeitos oculares graves – alguns filhotes podem nascer cegos, com olhos anormalmente pequenos ou sem olhos.

O câncer é uma das causas mais comuns de morte em Aussies, especificamente dois tipos de câncer – Linfoma e Hemangiossarcoma. O primeiro é um câncer do sistema linfático, e o segundo é um câncer das paredes dos vasos sanguíneos. Infelizmente, não existe teste genético ou triagem para esses cânceres em Aussies. O câncer geralmente atinge cães idosos (com mais de seis anos). Os sintomas gerais incluem perda de apetite, letargia, perda de peso e depressão. Esses sintomas devem sempre ser investigados prontamente pelo seu veterinário.

A epilepsia causa medo no coração de todos que conhecem e amam esta raça. Muitas convulsões, se não a maioria, não são causadas por epilepsia verdadeiramente herdada, mas um diagnóstico adequado se dá por exclusão – é preciso descartar muitos outros distúrbios antes de chegar a um diagnóstico final, que é a exclusão de todas as outras causas. Se seu Aussie alguma vez tiver uma convulsão, ele deve receber uma avaliação completa pelo seu veterinário e ser cuidadosamente monitorado. Infelizmente, não há testes genéticos disponíveis para os criadores usarem para reduzir a incidência de epilepsia. Se você chegar a um diagnóstico de Epilepsia herdada, considere participar da luta contra essa doença devastadora enviando uma amostra de sangue do seu cão para um estudo em andamento sobre Epilepsia canina.

É importante destacar também um distúrbio genético chamado Resistência a Múltiplos Medicamentos (MDR1), também conhecido como sensibilidade à Ivermectina. Este gene faz com que os cães sejam incapazes de tolerar certos medicamentos em níveis que são seguros para cães geneticamente normais. Aproximadamente 50% da raça carrega este gene, tornando-o muito difícil de ser evitado pelos criadores sem causar outras consequências acidentais para a saúde do pool genético do Pastor Australiano. A lista de ingredientes ativos a serem evitados inclui:

- Ivermectina
- Selamectina
- Milbemicina
- Moxidectina
- Loperamida
- Acepromazina
- Butorfanol
- Agentes de Quimioterapia
- Emodepsida
- Eritromicina
- Vincristina
- Vinblastina
- Doxorrubicina

Esses medicamentos nunca devem ser administrados a um Aussie que é conhecido por ser portador ou que tem status MDR1 desconhecido. Informe seu veterinário que seu Aussie é ou pode ser portador de MDR1. Esses medicamentos podem causar convulsões, coma e morte; não tenha medo de lembrar a equipe e verificar novamente para garantir que seu Aussie não receba um medicamento problemático por engano!

Criadores responsáveis estão na linha de frente na luta para manter esta raça o mais saudável possível nos próximos anos. Cães usados em programas de reprodução devem fazer raios-X para verificar displasia de quadril e cotovelo, e exames oculares anuais realizados por um oftalmologista veterinário para detectar distúrbios oculares. Muitos criadores também fazem um painel de testes genéticos para identificar portadores de outras doenças.

Problemas aos quais os Aussies são propensos, mas para os quais não há testes, incluem epilepsia, distúrbios autoimunes e alergias, e cânceres com tendência hereditária como linfoma e hemangiossarcoma. Se seu Aussie for diagnosticado com qualquer uma dessas doenças, certifique-se falar com o criador dele e informá-lo da situação. Eles precisarão estar cientes desses problemas para tomar decisões informadas para o programa de reprodução. Criadores responsáveis costumam ter têm uma garantia de saúde genética que dura vários anos. Nenhum criador produz um cão com problemas de saúde de propósito, e a maioria ama profundamente seus cães e se esforça para fazer o melhor por eles. Seja compreensivo e educado – vocês dois querem saúde e felicidade para seu Aussie!

Seguro para Animais de Estimação

O seguro para animais de estimação funciona de maneira semelhante ao seguro de saúde para humanos. Embora cuidados de rotina sejam mais acessíveis, lesões e doenças graves podem gerar despesas veterinárias altas muito rapidamente. Se você optar por adquirir um seguro para animais de estimação, faça um plano para o seu cão quando ele for jovem, pois o custo geralmente é menor. Outra razão para contratar um plano mais cedo é que esses seguros não cobrem doenças pré-existentes. Não deixe de pesquisar orçamentos para garantir que você obtenha o melhor custo-benefício possível.

Outra alternativa envolve criar uma conta poupança onde você reserva uma quantia mensal para o cuidado do seu Aussie, para estar preparado em caso de emergência. As emergências parecem sempre surgir nos momentos menos oportunos, e é melhor estar sempre bem preparado para atender às necessidades do seu Aussie.

Entender os cuidados básicos de saúde para seu Aussie é uma parte necessária para cuidar dele. Desde visitas ao veterinário, prevenção de parasitas externos e internos, até entender o papel que as vacinas desempenham – você é o defensor da saúde do seu Aussie! Cabe a você fazer as escolhas certas para seu cão e decidir quais tratamentos ou cuidados preventivos são melhores para ele.

CAPÍTULO 15
Cuidados com Cães Idosos

Os anos dourados são um período especial e precioso na vida do seu Aussie. Você o viu crescer e amadurecer até se tornar seu melhor amigo e um membro indispensável da família. Ele pode não enxergar ou ouvir tão bem quanto antes, nem ser tão ágil e rápido para correr até a porta e acompanhá-lo em uma aventura, mas ele ainda ama você tanto quanto antes.

Noções Básicas de Cuidados com Cães Idosos

Foto cortesia de
Evie Simons

Geralmente, a fase sênior começa quando um cão atinge sete a oito anos de idade. Alguns cães envelhecem mais rápido ou mais devagar que outros, mas é nesse período que você normalmente começa a notar algumas mudanças físicas e comportamentais. Garantir a saúde e conforto de cães idosos é fundamental para o bem-estar deles. Às vezes, isso significa fazer mudanças na sua rotina e ambiente para acomodá-los.

Alguns cães parecem ficar mais ranzinzas na velhice. Na realidade, essa mudança de comportamento é frequentemente causada por várias formas de desconforto. As articulações do Aussie podem doer, ou ele pode não enxergar ou ouvir tão bem quanto antes, o que o deixará mais tenso. Qualquer mudança significativa ou preocupante no

Foto cortesia de
Mary Slake

comportamento deve ser avaliada pelo seu veterinário para descartar causas físicas ou médicas.

Higiene e Escovação

Os dias de tosa e escovação, que o seu Aussie talvez costumasse adorar, podem se tornar mais cansativos para vocês dois. Para cães idosos com articulações rígidas e doloridas, pode se tornar impossível ficar em pé por longos períodos. Em vez de fazer uma longa sessão de escovação do início ao fim, considere dividi-la em várias sessões e permita que seu Aussie faça pausas frequentes. Você pode ensiná-lo a deixar ser escovado enquanto ele está deitado de lado. Embora as franjas sejam bonitas, talvez seja preciso deixá-las mais curtas para facilitar a manutenção. Se você usa os serviços de um tosador profissional, considere visitas mais curtas e frequentes para facilitar a vida do seu Aussie.

Quando estiver cuidando do seu cão idoso, fique atento a caroços, novas pintas, queda de pelo ou mudanças na cor da pele. Algumas podem ser alterações inofensivas relacionadas à idade, enquanto outras podem indicar câncer ou outras doenças mais comuns em idades avançadas. Se seu Aussie está começando a achar a escovação extremamente desconfortável ou até mesmo intolerável, ou se ele parece sentir dor no dia seguinte, converse com seu veterinário sobre medicamentos para dor e inflamação.

Nutrição

Muitos cães idosos não são tão ativos quanto costumavam ser. O peso deles pode aumentar significativamente, o que coloca ainda mais pressão sobre as articulações envelhecidas. Se seu Aussie está lutando para manter um peso saudável, considere mudar para uma ração de qualidade, com menos calorias, destinada ao controle de peso. Outra opção é reduzir o tamanho da refeição regular do seu Aussie e substituir essa porção por vagens verdes enlatadas sem sal. A fibra o ajudará a se sentir mais satisfeito enquanto reduz as calorias.

Foto cortesia de
Cynthia Hokes

*Foto cortesia de
Kaity Sevits*

Suplementos que podem beneficiar animais idosos incluem glucosamina e condroitina, pó de mexilhão de lábios verdes e ácidos graxos ômega 3. Todos esses podem ajudar a manter a função saudável das articulações. Alguns cães idosos podem desenvolver intestinos mais sensíveis; um probiótico pode ajudar a aliviar problemas como gases ou fezes moles.

Ocasionalmente, cães idosos podem desenvolver problemas médicos que exigem uma dieta especial prescrita pelo seu veterinário. Isso pode incluir alimentos formulados com menos proteína para cães com problemas renais, dietas com baixo teor de gordura para doenças pancreáticas, e assim por diante. Consulte seu veterinário para saber se seu Aussie se beneficiaria de um tipo específico de dieta.

Exercício

Embora possa ter ficado mais difícil se movimentar, o exercício ainda é uma parte crucial da saúde do seu Aussie. Os Pastores Australianos foram feitos para estar em movimento! Quanto menos seu cão se mover, mais rápido o corpo dele vai se deteriorar. Exercícios regulares e leves mantêm os músculos e articulações fortes e melhoram a circulação sanguínea. Também ajudam a controlar o peso, o que por sua vez reduz a pressão sobre as articulações. Formas apropriadas de exercício podem incluir caminhadas, natação e brincadeiras de buscar curtas. Mas cuidado para não exagerar –

seu Aussie não tem mais a resistência que costumava ter. Mesmo que ele pareça bem hoje, amanhã pode estar dolorido pelo esforço excessivo. Se você notar que seu Aussie está dolorido após o exercício, diminua a intensidade e a duração na próxima vez.

Observe a temperatura externa ao levar seu Aussie idoso para se exercitar. Cães geriátricos são mais sensíveis ao calor e ao frio. Reduza a duração do exercício durante temperaturas extremas, ou mantenha seu Aussie dentro de casa durante o dia.

Embora seu Aussie idoso possa não ser tão ágil quanto costumava ser, ele ainda é altamente inteligente e adorará fazer parte de qualquer atividade em que você esteja envolvido. Cães idosos certamente podem aprender novos truques, e a idade não é desculpa para economizar no bem-estar mental deles. Considere fazer um curso ou ensinar ao seu Aussie uma brincadeira nova para manter a mente dele afiada! Jogos interativos de desafios, que exigem que seu Aussie trabalhe por uma recompensa em forma de petisco, são uma ótima maneira de entretê-lo.

Doenças Comuns da Velhice

À medida que seu Aussie envelhece, ele ficará mais propenso a várias doenças e enfermidades. Entre as mais comuns está a artrite. Assim como nas pessoas, as articulações de um cão começam a se deteriorar com a idade. Isso pode resultar em dor, rigidez e depressão. Medicamentos para dor prescritos por veterinários e suplementos para articulações formulados para cães podem ajudar muito a manter seu cão confortável. Manter o peso do seu Aussie baixo e garantir que ele continue se movimentando ajudará a retardar a progressão dessa enfermidade.

Perdas de visão e audição também são bastante comuns à medida que seu Aussie envelhece. Você pode começar a notar que ele não vem quando você chama pela primeira vez ou não corre para a porta quando alguém bate, pois ele não consegue mais ouvir. Ele pode parecer desajeitado ou desorientado se você mudar a organização dos móveis da casa, pois os olhos dele não conseguem mais captar mudanças no ambiente tão facilmente. Certifique-se de abordar seu cão com cuidado quando ele estiver dormindo ou não estiver ciente da sua presença, pois ele pode se assustar e reagir agressivamente. Use sua voz para alertar qualquer cão com deficiência visual sobre sua presença. Para um cão com dificuldade de audição, tente bater o pé no chão para chamar a atenção dele com as vibrações ou toque-o suavemente nas costas.

Outra enfermidade infeliz que aflige cães mais velhos é a perda do controle do intestino e da bexiga. Se seu Aussie começar a fazer as necessidades dentro de casa por acidente, leve-o ao veterinário para verificar causas subjacentes. Às vezes, isso se deve simplesmente ao envelhecimento e enfraquecimento dos músculos que controlam os intestinos e a bexiga. Seu Aussie pode precisar passear ou ir para o jardim/quintal com muito mais frequência, ou ser treinado para usar um tapete higiênico. Fraldas podem ser usadas como último recurso, mas é preciso ter cuidado, pois elas podem causar queimaduras de urina se seu Aussie não for mantido muito limpo e seco.

Doenças cardíacas e renais são duas categorias de enfermidades graves que podem afetar cães idosos. Os sintomas de doença cardíaca incluem tosse, fadiga e falta de ar. Os sinais de doença renal incluem vômitos, letargia e aumento da sede. Se seu Aussie estiver apresentando qualquer um desses sintomas, ele deve ser examinado por um veterinário imediatamente.

O câncer é uma das causas mais comuns de morte em cães. Existem muitas formas diferentes de câncer afetando quase todos os tecidos do corpo, mas alguns sintomas de certos tipos de câncer incluem caroços e protuberâncias sob a pele, inchaço abdominal, feridas que não cicatrizam, mudanças no apetite e depressão. Alguns cânceres são tratáveis com cirurgia, enquanto outros não têm cura e envolvem apenas garantir o máximo de conforto para o seu cão.

Visitas veterinárias regulares são cruciais para manter seu cão idoso saudável e confortável pelo maior tempo possível. Exames de sangue devem ser feitos anualmente para verificar sinais de doenças subjacentes. Aproveite esse momento para discutir quaisquer mudanças na saúde ou comportamento com seu veterinário, pois elas podem sinalizar o surgimento de problemas de saúde.

Quando É Hora de Dizer Adeus

Não queremos pensar no fim da vida do nosso amado companheiro de quatro patas, mas é preciso falar sobre esse inevitável e doloroso evento. Muitos donos lutam para encontrar o momento certo de dizer adeus. Considere a saúde e a felicidade do seu Aussie – ele ainda está tendo mais dias bons do que ruins? Ele ainda come bem e parece aproveitar a vida? Você ainda consegue mantê-lo razoavelmente confortável? Se a resposta a qual-

quer uma dessas perguntas for "não", pode ser hora de considerar a euta-násia. Converse com seu veterinário para determinar se há algo que você possa fazer para melhorar a qualidade de vida do seu Aussie.

Tente não esperar até que ele esteja realmente infeliz. Quando os dias ruins estão se tornando tão frequentes quanto os bons, considere escolher um desses dias bons e fazer dele um último dia especial. Leve seu Aussie para tomar sorvete, leve-o ao parque, reserve um tempo para fazer o que seu Aussie mais ama e crie memórias. Tire algumas fotos juntos para que você tenha lembranças para guardar.

Às vezes, a saúde do seu cão pode declinar tão rapidamente que você não tem outra opção razoável além de levá-lo com urgência ao veterinário. De qualquer forma, quando chega a hora, ninguém quer tomar a difícil de-cisão de encerrar a vida de um animal de estimação que está sofrendo... mas, como dono, é preciso coragem e amor para fazer o que é melhor para seu amado Aussie, mesmo que isso signifique dizer adeus. Quando chegar o momento, seu veterinário levará você e seu Aussie para uma sala reser-vada. Você poderá ficar com seu Aussie e abraçá-lo ou segurá-lo, o que será reconfortante para ele. O veterinário explicará o que está fazendo em cada etapa e por quê. Normalmente, o veterinário administra um sedativo que coloca seu Aussie em um sono profundo dentro de quinze minutos. Depois disso, ele dá uma injeção letal que faz com que a respiração e o coração parem dentro de alguns minutos. Pode haver alguns espasmos musculares ou outros sintomas devido ao medicamento da eutanásia, mas esse é um processo normal à medida que os sistemas do corpo se desligam – o cão não está sentindo dor ou desconforto.

Quando seu Aussie partir, você precisará pensar no que fazer com os restos mortais dele. Embora muitos donos enterrem seus animais de estimação no quintal, essa pode não ser a melhor opção e pode até mesmo ser ilegal na sua localidade. Se você decidir enterrá-lo, ele deve ser colocado a pelo menos um metro de profundidade para garantir que animais selvagens não vasculhem seus restos.

Outra opção é a cremação, onde os restos são incinerados e as cinzas devolvidas a você. Este método é mais ecológico e permite que você coloque os restos do seu Aussie em uma urna decorada para guardar ou enterrar. Alguns artesãos que trabalham com vidro se especializam em fazer lindos pingentes ou esculturas infundidas com as cinzas, que podem se tornar lembranças preciosas.

Finalmente, dependendo da causa da morte ou eutanásia, você pode doar o corpo do seu Aussie para pesquisas de saúde canina. Converse com seu veterinário sobre essa possibilidade e se há alguma universidade que possa aceitá-lo. De certa forma, seu Aussie estará ajudando cães em todo lugar, fornecendo informações valiosas para cientistas e pesquisadores.

Compartilhar a vida com um Pastor Australiano é uma jornada e um privilégio. Esta raça tem muita personalidade, e não é de se admirar que aqueles que conhecem bem os Aussies os amem tanto. Nem sempre conseguimos ser a pessoa que eles precisam. Felizmente, eles nos perdoam e nos amam mesmo assim. A criação de um Aussie pode exigir tempo, mas o olhar expressivo e inteligente deles, o rabinho curto balançando alegremente e a atitude sempre pronta para qualquer coisa tornam cada minuto valioso.